LA
CONQUÊTE DE L'ALGÉRIE
JUSQU'A
LA PRISE DE CONSTANTINE.

TYPOGRAPHIE FIRMIN-DIDOT. — MESNIL (EURE).

LA CONQUÊTE DE L'ALGÉRIE

JUSQU'A

LA PRISE DE CONSTANTINE,

PAR

PAUL GAFFAREL.

OUVRAGE ORNÉ DE 54 GRAVURES.

PARIS,

LIBRAIRIE DE FIRMIN-DIDOT ET Cie,

IMPRIMEURS DE L'INSTITUT, RUE JACOB, 56.

1888.

LA
CONQUÊTE DE L'ALGÉRIE
JUSQU'A LA PRISE DE CONSTANTINE.

I.

HISTOIRE DE L'ALGÉRIE AVANT 1830.

Les premiers habitants de l'Algérie. — Les Carthaginois. — Les Romains. — Les Vandales. — Les Grecs. — Conquête des Arabes. — Les Berbères. — Domination romaine (de 146 av. J.-C. à 429 ap. J.-C.). — Domination vandale (429-525). — Domination grecque (525-647). — Domination arabe (647-1070). — Domination berbère (1070-1492). — L'Odjeac. — Histoire d'Alger avant 1830.

Aussi loin que remontent les souvenirs historiques, la vaste contrée qui s'étend, au nord de l'Afrique, de la Méditerranée au Sahara et de l'Égypte à l'Atlantique, fut habitée par une race que les anciens ont désignée sous différents noms, et dont les descendants se sont perpétués jusqu'à nos jours : ce sont les Berbères ou Barbares, d'où est venu le nom d'*États Barbaresques*, tous de la même famille, qu'ils se nomment Amazigh ou Chillah comme au Maroc, Kabyles comme en Algérie, à Tunis et à Tripoli, Tibbous ou Touaregs comme dans le Sahara.

La langue qu'ils parlent encore aujourd'hui a de grandes affinités avec l'ancien égyptien, et l'alphabet tout spécial dont ils se servaient déjà au temps de la domination carthaginoise est demeuré en usage chez les Touaregs. On peut donc à juste titre les qualifier d'autochtones, c'est-à-dire de nés sur le sol, qu'ils possèdent de toute antiquité.

Il est même peu d'exemples de races qui se soient ainsi continuées et perpétuées avec autant d'énergie et de vitalité, à travers les vicissitudes politiques et malgré des conquêtes répétées.

Les Carthaginois avaient, paraît-il, soigneusement recueilli les traditions et l'histoire de ces populations africaines; mais, quand les Romains s'emparèrent de Carthage, ils détruisirent systématiquement tout ce qui pouvait rappeler le souvenir de rivaux abhorrés. Cette haine irréfléchie nous a fait perdre des documents bien précieux. Nous n'avons plus aujourd'hui que des renseignement de seconde et de troisième main sur l'histoire primitive des Africains du nord.

Salluste, qui avait pu consulter encore les sources carthaginoises et eut à sa disposition des données assez précises, est, dans tous les écrivains de l'antiquité, celui qui semble avoir le mieux connu cette vieille civilisation africaine. D'après l'éminent auteur de la *Guerre contre Jugurtha,* il y eut d'abord trois peuples, inégalement répartis sur une triple zone, d'un bout à l'autre de la plage méditerranéenne : c'étaient en première ligne les Libyens; derrière eux, à l'intérieur, les Gétules; beaucoup plus loin et au delà du Sahara, les nègres, auxquels on appliquait encore le nom d'Éthiopiens. Puis survint une invasion de Perses, de Mèdes et d'Arméniens, noms auxquels il ne faut pas attacher une trop grande importance, mais qui désignent des peuples d'origine japhétique. Ces nouveaux venus arrivèrent par mer, refoulèrent brusquement les Libyens ou se mêlèrent à eux.

C'est l'invasion dont les monuments égyptiens ont confirmé l'authenticité : elle eut lieu sous les règnes de Séti Ier et de Rhamsès II, pendant la XIXe dynastie, et menaça gravement la sécurité de l'Égypte. De ces nouveaux venus, les uns, les Maures, issus du mélange des Japhétiques avec les indigènes, se fixèrent dans le Maroc actuel; les autres, les Numides, se fondirent avec les Gétules, et occupèrent les pays que de nos jours on nomme Algérie et Tunisie; d'autres enfin, les Libyens, les Maces et les Maxyes, s'établirent dans la Tripolitaine. Un siècle environ après l'arrivée des tribus japhétiques, un nouveau peuple envahisseur, les Cananéens, chassés de Palestine, se fixaient

Fig. 1. — Monument mégalithique en Kabylie.

dans la Zeugitane et l'Afrique proprement dite, c'est-à-dire en Tunisie, et s'y mélangeaient avec les populations déjà établies.

Assurément ces indications sont fort vagues; ni l'ethnographie ni la chronologie sérieuse ne peuvent s'en contenter. Un grand fait semble pourtant se dégager, celui de l'existence d'une race indigène, qui aurait formé comme le fonds commun sur lequel seraient venus se superposer divers peuples conquérants ; mais cette race indigène aurait conservé son autonomie, ses usages, sa langue même, et, bien que conquise, aurait fini par s'assimiler ses vainqueurs. C'est sans doute cette race qui a couvert de monuments mégalithiques, dont quelques-uns se sont conservés jusqu'à nos jours, le sol qu'elle occupait. Hérodote, au cinquième siècle avant notre ère, a donné l'énumération et décrit les mœurs de ces diverses peuplades, mais il ne parle pas de celles qui habitent la région de l'Atlas, l'Algérie et le Maroc actuel.

C'est encore Salluste qui paraît les avoir le mieux connues. Il établit une distinction, qui dure encore aujourd'hui, entre les sédentaires et les nomades ; les premières ont occupé le littoral et les nombreuses vallées qui descendent des montagnes ; les secondes se sont fixées, ou plutôt ont campé sur les plateaux et dans le désert. Plusieurs des traits de sa description s'appliquent encore, à l'heure actuelle, aux possesseurs du sol : « C'est une race dure, » dit-il, « et exercée aux fatigues. Ils couchent sur la terre et s'entassent dans des *mapalia*, espèces de tentes allongées faites d'un tissu grossier, et dont le toit cintré ressemble à la carène renversée d'un vaisseau. Leur manière de combattre confondait la tactique romaine. Ils se précipitaient sur l'ennemi d'une manière tumultueuse ; c'était une attaque de brigands plutôt qu'un combat régulier.

« Dès qu'ils apprenaient que les Romains devaient se porter sur un point, ils détruisaient les fourrages, empoisonnaient les vivres, et emmenaient au loin les bestiaux, les femmes, les enfants, les vieillards ; puis les hommes valides, se portant sur le gros de l'armée, la harcelaient sans cesse, tantôt en attaquant l'avant-garde, tantôt en se précipitant sur les derniers rangs.

« Ils ne livraient jamais de bataille rangée, mais ne laissaient pas non plus de repos aux Romains ; la nuit, dérobant leur marche par des routes détournées, ils attaquaient à l'improviste les soldats qui erraient dans la campagne, ils les dépouillaient de leurs armes, les massacraient, ou les faisaient prisonniers, et, avant qu'aucun secours arrivât du camp romain, ils se retiraient sur les hauteurs voisines. »

Cette perpétuité dans les coutumes est importante à constater, parce qu'elle démontre que les peuplades africaines n'ont jamais adopté franchement la civilisation des nations qui les ont successivement conquises. Ailleurs, la conquête étrangère a souvent amené d'heureuses révolutions; dans l'Afrique septentrionale, les indigènes sont restés réfractaires au progrès. Jamais ils n'ont été capables de se fondre en un corps de nation ni de repousser l'invasion extérieure, mais ils ont opposé à leurs conquérants la plus redoutable des résistances, celle de la force d'inertie. Tels ils étaient à l'origine de leur histoire, tels ils se maintiendront à travers les siècles et jusqu'à nos jours.

Les premiers de ces conquérants qui laissèrent une trace durable dans l'histoire de l'Afrique septentrionale furent les Phéniciens ou plutôt les Carthaginois. A une époque inconnue, mais qu'on peut fixer approximativement au onzième siècle avant notre ère, Byrsa avait été bâtie par Zoruf et Karchédon. Ce n'était qu'une humble bourgade, trop heureuse d'acheter par un tribut la paix avec ses remuants voisins. En 888, la Tyrienne Elissa, sœur de Pygmalion et veuve de Sichée, vint la renouveler ou plutôt la fonder de nouveau, mais en lui conservant le nom de l'un de ses premiers fondateurs, Karchédon. Elissa était accompagnée par les nombreuses victimes de la tyrannie de Pygmalion.

Karchédon, ou pour lui donner son nom usuel, Carthage, devint promptement comme une Tyr nouvelle, qui se dressa en face de l'ancienne et la dépassa bientôt en puissance. Autour d'elle se groupèrent des villes déjà fondées, Leptis Magna, Sabrata, Tacape, Thapsus, Leptis Minor et Hadrumete, au sud-est; à l'ouest, Utique, Hippone, et toutes les villes dont le nom commence par *rus,* c'est-à-dire cap, Rusibis, Ruscinara, Rusicadda, Russaddis, etc.; dans l'intérieur des terres, Auzia, Sitifis, Cirta, Capsa, Tisdrus, Zama et Theveste. Ces dernières villes servaient d'entrepôt au commerce des Phéniciens avec les Touaregs du Sahara ou les nègres du Soudan.

Les Carthaginois se mélangèrent promptement avec les indigènes, et de ces unions sortit une race nouvelle, les Libyphéniciens, qui conservèrent de leur origine phénicienne l'activité et l'esprit d'aventure, mais durent à leur sang africain une ténacité et une persévérance à toute épreuve. Aussi devinrent-ils promptement le peuple le mieux doué pour le commerce, et Carthage atteignit un degré inouï de prospérité.

Nous n'avons point à faire ici l'histoire de la domination carthaginoise en Afrique. Il nous suffira de rappeler que notre Algérie actuelle dépendait alors de Carthage, et que l'emplacement de la plupart de ses grandes villes avait déjà été choisi et déterminé par ces industrieux Phéniciens. Icosium, la moderne Alger, n'était encore qu'une simple bourgade, mais Iol (Cherchell), Cirta (Constantine), Sitifis (Sétif), étaient d'importantes cités.

La civilisation carthaginoise a laissé de profondes empreintes dans le pays, et si la nationalité africaine avait dû quelque jour se constituer, c'étaient ces habiles, ces énergiques et intelligents négociants phéniciens qui auraient le mieux réussi à fondre en une grande nation, grâce au commerce, à l'industrie, et aussi à l'empire de l'habitude, ces peuplades sans liens et sans traditions.

La domination romaine fut moins longue, mais plus énergique.

Les Romains eurent à triompher non seulement des Carthaginois, mais aussi des Numides, commandés par leur roi Jugurtha. Cet énergique défenseur des droits et de l'indépendance des indigènes laissa en Afrique un impérissable souvenir. Un de ses parents, Juba, crut un instant qu'il rendrait au royaume numidique son ancien éclat, mais il fut battu à Thapsus, chassé de sa capitale et obligé de se donner la mort. Un autre Numide, Tacfarinas,

Fig. 2. — Ancien port romain à Cherchell.

essaya de reconstituer l'indépendance nationale : il remporta quelques succès, mais se fit battre et tuer dans un camp retranché près d'Auzia (Aumale). C'étaient comme les dernières convulsions d'une nationalité expirante.

Maîtres par l'universel épuisement (146 av. J.-C.), les Romains adoptèrent la politique de Carthage, favorisant au gré de leurs besoins les chefs indigènes et les neutralisant les uns par les autres. Bien qu'ils parussent se contenter du noble rôle de protecteurs, ils augmentaient leur pouvoir, étendaient leur domination, et comprimaient toute velléité d'insurrection en enserrant le pays dans le réseau d'une administration habile. Rome, en effet, s'efforça de faire oublier la conquête par des bienfaits : elle civilisa non seulement le littoral et le Tell, mais franchit l'Atlas et atteignit le Sahara.

On trouve à chaque instant dans notre colonie les traces de l'occupation romaine. Un savant éminent, Léon Renier,

Fig. 3. — Médaille du roi Juba.

a composé un livre rien qu'avec les inscriptions qu'il y a recueillies.

Des ruines imposantes, des édifices encore debout attestent la splendeur du pays, tant qu'il fut administré par les proconsuls. Sans doute quelques-uns de ces hauts fonctionnaires abusaient parfois de leurs pouvoirs, et de temps à autre éclataient des insurrections, comme celle de Firmus, qui osa tenir la campagne contre l'empereur Théodose ; mais ce n'étaient là que des exceptions, et si la Mauritanie Césarienne et Sitifienne (tel était alors le nom de notre Algérie) avait perdu son indépendance, au moins avait-elle gagné un prodigieux développement de prospérité matérielle. La carte de l'ancienne Afrique nous montre le pays couvert de routes qui le sillonnent dans tous les sens. Sétif, Cirta, Lambessa, Hippone, étaient autant de riches carrefours où se croisaient les communications : dix routes passaient à Sétif, six à Cirta et à Hippone, cinq à Lambessa.

Il est vrai que toutes les parties de ce vaste domaine n'avaient pas accepté avec le même empressement le patronage de la métropole. Les stations militaires étaient impuissantes à contenir les haines nationales. On ne domptait les tribus que par la force ; on les transplantait ensuite dans des lieux éloignés, mais à la première occasion elles revenaient, altérées de vengeance, en massacrant tout sur leur passage. Ainsi sans doute s'explique, par la perpétuité des antipathies nationales, la facilité avec laquelle s'écroula en Afrique la domination romaine, bien que plusieurs fois séculaire.

Appelés par un traître, le comte Boniface, et conduits par un barbare de génie, Genséric, les Vandales s'emparent de toute l'Afrique du nord, et fondent à Carthage un redoutable empire, qui dura plus d'un siècle (429-545). Les Vandales ont acquis une réputation de férocité qui paraît d'ailleurs méritée. Dans leur haine aveugle des Romains, et dans leur zèle intempérant de néophytes ariens, ils prirent plaisir à saccager tout ce qui rappelait à la fois l'autorité impériale et l'orthodoxie catholique; leur nom est resté comme un stigmate flétrissant pour tous les ennemis des beaux-arts et de la civilisation.

Pourtant, une fois établis en Afrique, ils se laissèrent gagner aux douceurs de la paix. Ils concoururent à la culture des terres et à l'exploitation de diverses industries ; ils exécutèrent de grands travaux hydrauliques, soit pour l'arrosement des terres, soit pour la culture de leurs jardins. Ils montrèrent même qu'ils ne manquaient pas d'aptitude pour les arts et la poésie. Un de leurs rois, Thrasamond, était savant et lettré ; leur dernier souverain, Gelimer, ne se consola de ses malheurs qu'en les chantant. Il est vrai que, de tout ce que les Vandales ont écrit, rien n'a été conservé ; leurs monuments ont disparu. A peine s'il reste quelques médailles et quelques mots dans la langue pour appuyer, d'une preuve matérielle, le témoignage des historiens. La domination vandale en Afrique ne fut donc qu'un sanglant épisode, et s'il a laissé tant de souvenirs, c'est à cause de l'immensité du désastre et de l'imprévu de cette invasion.

Bélisaire, l'heureux général de l'empereur d'Orient Justinien, substitua, non sans résistance la domination gréco-byzantine à la tyrannie vandale (545), mais la décadence avait commencé et ne devait plus s'arrêter.

Les nouveaux maîtres de l'Afrique eurent, en effet, à compter avec des ennemis autrement redoutables que les Vandales : c'étaient les nomades, qui, sortis de leurs montagnes et de leurs déserts, s'étaient emparés des riches domaines jadis cultivés par les colons romains, et ruinaient avec leurs troupeaux les campagnes qui naguère assuraient la subsistance de l'Italie.

En vain les successeurs de Bélisaire, Salomon, Sergius, Artabane, Jean Troglita, essaient-ils de les refouler. Les nomades, toujours battus, reviennent toujours à la charge, et peu à peu le vide se fait autour d'eux. Des 690 évêchés qui existaient du temps des Romains, depuis Tingis jusqu'à Tripoli, il n'en reste plus que 217 à l'époque de Bélisaire ; tous les autres ont été ruinés.

Vers la fin du règne de Justinien, un voyageur marchait des jours entiers sans rencontrer personne. Les guerres incessantes, le climat, les divisions intestines avaient fait leur œuvre de dévastation. La rapacité du fisc achevait la ruine du pays. Un des empereurs, Anastase, ne s'avisa-

Fig. 4. — Ruines romaines à Lambessa. Le *prætorium*.

t-il pas d'imposer le droit de respirer l'air? *Ut quisque pro hausto aere penderet.*

Près d'un siècle s'écoule dans cet état d'oppression et de dépérissement. Les empereurs se succèdent à Constantinople, mais ils ne songent à leurs provinces africaines que pour les exploiter. Aussi la population européenne y diminue-t-elle constamment. Procope assure que, dans l'espace de vingt années, depuis la conquête de Bélisaire, la population diminua de 5 millions d'habitants.

Les Grecs ne possèdent bientôt plus que le pays compris entre la mer et les premières pentes de l'Atlas, et encore sont-ils obligés d'entourer leurs dernières cités d'imposantes fortifications, pour les défendre contre les attaques de plus en plus vives des nomades. L'affaissement dans lequel était tombée la cour de Constantinople ne lui permettra même pas de défendre ce débris de l'héritage impérial, lorsque se présentera, pour le lui disputer, un nouvel envahisseur, plein d'audace et d'énergie.

Ces nouveaux conquérants sont les Arabes.

On sait comment, en moins d'un siècle, les sectateurs de Mahomet se répandirent dans toutes les directions et fondèrent un gigantesque empire. C'est en 647 qu'Abdallah arrive sous les murs de Tripoli, bat le patrice Grégoire et s'empare de la place. En 653, une nouvelle invasion amène les Arabes aux portes de Tunis; mais le véritable conquérant de l'Afrique est Oukbah-ben-Nafi, qui défait en plusieurs rencontres les Grecs, s'empare en courant de de la Numidie et de la Mauritanie, parvient jusqu'à l'Atlantique, et, poussant son cheval dans l'Océan, s'écrie en brandissant son cimeterre : « Grand Dieu! si je n'étais retenu par les flots, j'irais jusqu'aux royaumes inconnus de l'Occident, je prêcherais sur ma route l'unité de ton saint nom, et j'exterminerais les peuples qui adorent un autre Dieu que toi! » Ses successeurs, Zohaïr-ben-Kaïss, Hassan le Gassanide, et Moussa-ben-Nosaïr, consolident

Fig. 5. — Berbère de l'Algérie.

ces rapides conquêtes. Carthage est détruite de fond en comble, et une capitale tout arabe, Kaïrouan, devient le siège du gouvernement du Maghreb.

Les indigènes avaient accepté volontiers la domination arabe, parce qu'ils se croyaient ainsi délivrés des exactions byzantines. Ils se soumirent également sans peine à la religion de leurs vainqueurs, mais ne l'acceptèrent qu'avec des schismes et des hérésies qui bientôt allaient détruire l'unité musulmane. En effet, une fois converties à l'islamisme, les tribus africaines, qui jadis avaient fourni aux hérésiarques donatistes et circoncellions leurs partisans les plus déterminés, acceptèrent avec un égal entraînement les dissidences de leur nouveau culte, d'autant plus qu'elles leur fournissaient un prétexte pour essayer de recouvrer leur indépendance.

L'histoire de l'Afrique septentrionale n'est plus alors qu'une longue série de révoltes comprimées et sans cesse renaissantes. Elle se fractionne, comme le reste de l'empire arabe, en une multitude de petits États qui ne cherchent qu'à empiéter sur leurs territoires réciproques. La puissance politique des kalifes est méconnue, et des dynasties purement africaines remplacent les anciens émirs du Maghreb. Deux de ces dynasties ont laissé un nom dans l'histoire : celle des Aglabites, qui eut son siège à Kaïrouan, et celle des Édrisites, qui eut son siège à Fez.

C'est l'époque la plus brillante de la domination arabe. Les kalifes protégeaient les sciences et les lettres. Ils avaient donné une grande impulsion à l'industrie, au commerce et même à la piraterie. Tout le bassin antérieur de la Méditerranée était alors sillonné par leurs légères galères ; ils insultaient impunément les côtes d'Italie ou de France. Quelques-uns d'entre eux s'établirent même en Provence et s'emparèrent des principaux passages des Alpes. Cette prospérité devait avoir un terme. Les Fatimites du Caire et les Ommiades de Cordoue se disputèrent l'Afrique comme une proie, et des guerres interminables, qui durèrent plusieurs siècles, plongèrent de nouveau dans la désolation ce malheureux pays.

Un Africain, Youssef-ben-Taschefin, de la tribu des Zenaga, reconstitua et ramena à l'unité les éléments épars de la puissance musulmane. Encouragé par un marabout, il appelle les tribus berbères à l'indépendance (1070), s'empare de l'ancien royaume des Édrisites, pousse jusqu'à Tlemcen et Alger, fonde une capitale à Maroc, et ne s'arrête qu'aux frontières d'Égypte. Il passe même en Espagne et conquiert l'Andalousie. Youssef mourut en 1107 ; son souvenir est encore vivant en Afrique. La dynastie qu'il fonda s'appelle la dynastie des Almoravides, ou hommes de Dieu.

Un autre Berbère, Abou-Abdallah-Mohammed, fondateur d'une secte dite des Almohades ou Unitaires, ne tarda pas à se soulever contre les Almoravides. Son successeur Abd-el-Moumen réussit à se substituer à l'Almoravide Taschefin-ben-Ali, et la nouvelle dynastie régna sur toute l'Afrique, moins l'Égypte et une partie de l'Espagne, de 1130 à 1273.

Quand, à leur tour, tombèrent les Almohades, commença une période confuse dont les éléments n'ont pas encore été déterminés. Un certain nombre de familles indigènes se succèdent et se renversent. C'est une énumération fastidieuse de crimes sans éclat et de révolutions sans grandeur. Quelques-unes de ces familles, les Beni-Meritin au Maroc, les Beni-Zian à Tlemcen, jettent pourtant un certain éclat ; mais le besoin d'une domination stable se faisait partout vivement sentir, surtout dans le Maghreb-el-Aousat, la future régence d'Alger, morcelée en une foule de petits États, et sans cesse envahie par les souverains de Tunis ou du Maroc. Les indigènes étaient tout disposés à se grouper autour d'un pouvoir fort et unique, car ils étaient las de ces perpétuels changements.

L'affaiblissement de la puissance arabe en Espagne et la conquête de Grenade par les rois catholiques hâtèrent et produisirent cette révolution.

Les Maures, chassés de Grenade et mal accueillis en Afrique, s'étaient pourtant établis en assez grand nombre dans quelques villes du littoral, Cherchell, Oran, Bougie, Alger. Pleins de haine pour leurs vainqueurs, ils devinrent les plus implacables ennemis de cette Espagne dont ils avaient été chassés. Ils demandèrent à la piraterie les ressources qui commençaient à leur manquer, et bientôt, leur audace et leur nombre croissant avec le succès, devinrent assez dangereux pour attirer contre eux les flottes espagnoles.

Comme ces expéditions n'apportaient au mal qu'un remède passager, les Espagnols se décidèrent à occuper quelques villes africaines. En 1497, Melilla, en 1505, Mers-el-Kebir, en 1509, Oran, en 1510, Bougie, furent prises et fortifiées. Aussitôt Mostaganem, Tenez, Alger, Tunis même, firent leur soumission et demandèrent à être reconnues vassales de l'Espagne. Il semblait que la piraterie fût frappée à mort : elle n'en était malheureusement qu'à son coup d'essai.

En effet, vers cette époque parurent deux aventuriers, Aroudj et Kaïr-Eddin, connus en Europe sous le nom des frères *Barberousse*. On a prétendu qu'ils étaient originaires de Sicile, ou de Lesbos : c'étaient de vrais musulmans, animés d'une haine implacable contre les chrétiens. Une multitude de bandits, attachés à leur fortune, formaient sur leur flotte une redoutable armée. Comme ce n'était pas assez pour eux de courir la mer, ils voulurent s'emparer de points sûrs le long de la côte, pour en faire à la fois des refuges et des magasins de ravitaillement. Ils échouaient une première fois devant Bougie, mais en 1514 ils s'emparaient de Djidjelli, en 1516, de Cherchell et d'Alger, puis bientôt de Tenez et de Tlemcen.

Maîtres de ces villes importantes et sachant se rallier les tribus d'alentour dans le prestige de leurs succès, les deux

Fig. 6. — Reddition de la ville de Montefrio en 1846. Les alcades et les chefs maures remettent les clefs de la ville au roi Ferdinand le Catholique et à la reine Isabelle. (Bas-relief du XVIe siècle.)

frères, Aroudj surtout, se considérèrent non plus comme des pirates, mais comme de vrais souverains, ainsi qu'on en a vu surgir à maintes reprises dans le monde musulman. Ils chassèrent les Arabes de leurs emplois, dont ils investirent leurs officiers les plus dévoués, et déclarèrent solennellement que les membres de la milice auraient seuls le droit d'y prétendre à l'avenir. Ils refusèrent même aux fils des miliciens nés dans le pays d'y arriver, voulant que ce corps ne fût composé que de Turcs et de renégats étrangers.

Ainsi se trouva constitué ce singulier gouvernement, qu'on nomma l'*Odjeac*, sorte de république militaire et religieuse, qui fut élevée contre la chrétienté, comme Rhodes et Malte le furent contre l'islam. Méprisant les anciens conquérants arabes et les indigènes berbères, et déterminés à maintenir leur supériorité d'origine, les membres de l'Odjeac ne se recrutèrent qu'au dehors parmi leurs compatriotes orientaux et eurent soin de n'admettre dans leurs rangs que des hommes éprouvés par leur courage. Égaux entre eux et n'obéissant qu'à des chefs librement élus, ils formaient comme une classe à part dans la nation, ou plutôt ils constituaient la nation tout entière, car les indigènes étaient censés leur appartenir, et ils administraient le pays à leur guise.

Kaïr-Eddin et son frère, judicieux politiques autant qu'hommes d'action, comprirent néanmoins que, pour se maintenir dans les positions conquises, il leur fallait s'appuyer sur une force qui les assurât à la fois contre les indigènes et contre les chrétiens. La Turquie était alors à l'apogée de sa puissance. Les deux frères firent hommage de leur conquête au sultan Sélim, qui s'empressa de consacrer par un firman d'investiture cette souveraineté inattendue, qui venait s'ajouter à celles qu'il devait à ses armes (1516). Telle est l'origine et la nature de la prétendue suzeraineté du sultan sur les ci-devant États Barbaresques.

Il n'entre pas dans notre sujet de raconter les luttes

Fig. 7. — Barberousse II.

dramatiques soutenues pas les frères Barberousse et leurs successeurs contre les Espagnols et les autres peuples chrétiens ; nous ne raconterons pas non plus les guerres continentales qui leur valurent assez rapidement tout le pays qui, depuis, porta le nom de « régence d'Alger » et correspond à peu près aux limites actuelles de notre colonie. Au dix-septième et au dix-huitième siècle, s'amortit l'ardeur des conquêtes, mais les maîtres de l'Odjeac tournèrent alors vers la mer leur redoutable activité. Ils furent, à diverses reprises, les maîtres de la Méditerranée, dont ils infestaient les côtes, et, derrière les murailles de leurs forteresses, ils bravèrent les vengeances de l'Europe. Nous n'avons pas à refaire ici la curieuse histoire de ces pirateries et de ces répressions avortées. Qu'il nous suffise de rappeler que, malgré les traités, malgré les promesses et les menaces, les Algériens étaient encore fort dangereux en 1830, lorsque la France se décida à venger des outrages accumulés en s'emparant du principal de leurs repaires, de leur capitale Alger.

Alger occupe le site de l'ancienne Icosium. Une inscription romaine, que l'on peut encore lire sur un pilier des arcades de la rue Bab-Azoun, porte le nom des *Icosinati*, ou habitants d'Icosium.

D'après Solin, « Hercule, passant en cet endroit, fut abandonné par vingt hommes de sa suite, qui y choisirent l'emplacement d'une ville, dont ils élevèrent les murailles ; et afin que nul d'entre eux n'eût à se glorifier d'avoir imposé son nom particulier à la cité nouvelle, ils lui donnèrent une dénomination qui rappelait le nombre de ses fondateurs, car le mot grec εἴκοσι se traduit en latin par le mot *viginti*, vingt. » Les auteurs latins, malgré l'illustration de cette origine, sont très avares de détails sur Icosium. Pline rapporte pourtant que l'empereur Vespasien lui accorda le droit latin. A la fin du cinquième siècle, Victor, évêque d'Icosium, est mentionné parmi les prélats d'Afrique que le roi vandale Huneric envoya en exil à la suite du concile de Carthage, mais personne n'ignore que de simples bourgades jouissaient du même privilège au temps de la primitive Église. Il ne faut donc pas voir dans ce fait une preuve de l'importance de la ville antique. Au rapport de Paul Diacre, Icosium tomba au pouvoir des Van-

Fig. 8. — Vue d'Alger (d'après une gravure du XVIIe siècle).

dales, qui le démolirent. C'est la dernière mention de cette ville dans l'antiquité proprement dite.

Quatre cent cinquante ans s'écoulent sans que rien rappelle la petite cité africaine.

Dans la première moitié du dixième siècle, un chef berbère, Ziri, autorise son fils Bologghinn à fonder trois villes, Medeah, Milianah et Djezaïr-beni-Mezghanna. Cette dernière place est la moderne Alger. Le nom d'Al-Djezaïr, qui signifie *les îles*, et dont Alger n'est qu'une altération européenne, provient d'îlots qui s'étendaient en avant du port, et que plus tard les Turcs réunirent à la terre ferme pour former un môle.

Le voyageur arabe Ibn-Haukal, qui visita Djezaïr quelques années seulement après la restauration de Bologghinn, la décrit en ces termes : « Djezaïr-beni-Mezghanna est bâtie sur un golfe et entourée d'une muraille. Elle renferme un grand nombre de bazars et quelques sources de bonne eau, près de la mer; c'est à ces sources que les habitants vont puiser l'eau qu'ils boivent. Dans les dépendances de cette ville se trouvent des campagnes très étendues, et des montagnes habitées par plusieurs tribus de Berbères. Les richesses principales des habitants se composent de troupeaux de bœufs et de moutons, qui paissent dans les campagnes. Dans la mer, en face de la ville, est une île où les habitants trouvent un abri sûr, quand ils sont menacés par les ennemis. »

La notice de Bekri, qui écrivait vers 1060 ou 1065, est curieuse par ses détails archéologiques : « Mers-al-Djezaïr, » dit-il, « appelée aussi Djezaïr-beni-Mezghanna, est grande et de construction antique. Elle renferme des monuments anciens et des voûtes solidement bâties, qui démontrent qu'à une époque reculée elle avait été la capitale d'un empire. On y remarque un théâtre, dont l'intérieur est pavé de petites pierres de diverses couleurs. La ville renferme plusieurs bazars et une mosquée. Elle possédait autrefois une vaste église, dont il ne reste qu'une muraille couverte de sculptures et d'images. Le port est bien abrité et possède une source d'eau douce. Il est très fréquenté par les marins d'Afrique, d'Espagne et d'autres pays. »

Au temps des guerres des Almohades et des Almoravides, le nom d'Al-Djezaïr est souvent mentionné par les chroniqueurs arabes et berbères, mais sans particularités notables. L'un d'entre eux, El-Alderi, après avoir admiré la situation de la ville, parle avec un certain mépris de l'ignorance de ses habitants : « Cette ville, » écrit-il, « est privée de la science comme un proscrit de sa famille. Il n'y reste plus aucun personnage qu'on puisse compter au nombre des savants, ni un individu qui ait la moindre instruction. En mettant le pied dans l'intérieur de cette cité, je demandai si l'on pouvait y rencontrer des gens éclairés ou des personnes dont l'érudition offrît quelque attrait; mais, comme dit le proverbe, j'avais l'air de chercher un cheval plein et des œufs de chameau. »

C'est au seizième siècle qu'Alger prit subitement une grande importance. En 1510, les Espagnols, fatigués par les incursions des pirates, firent construire une grosse tour sur une des petites îles alors en avant du port. Ils l'armèrent de pièces de gros calibre, qui pouvaient battre la ville, et la nommèrent le Peñon d'Argel, c'est-à-dire le rocher d'Alger; mais les frères Barberousse créent l'Odjeac et s'établissent à Alger. Aroudj repousse en 1516 la flotte de François de Vera. Kaïr-Eddin disperse les vaisseaux d'Hugues de Moncade (1518), et s'empare du Peñon (1530); son lieutenant Hassan voit se briser devant les murs d'Alger l'imposante flotte de Charles-Quint (1541), et dès ce moment les pirates, maîtres incontestés de la place, en font le centre de leur puissance.

De 1515 à 1830, soixante-seize pachas ou deys se succèdent à Alger; la plupart meurent assassinés, mais l'Odjeac se maintient à travers ces révolutions incessantes, et Djezaïr reste la capitale d'un territoire qui, grandissant toujours, forme ce que l'Europe appelait la *régence d'Alger*. A diverses reprises, les peuples chrétiens essaient de réduire les pirates ; mais Alger, cinq fois bombardée, par du Quesne en 1682 et 1683, par d'Estrées en 1688, par les Espagnols en 1783, et par l'Anglais Exmouth en 1816, se relève toujours de ses ruines et reste pour l'Europe comme une menace et un défi, jusqu'à ce que la France, provoquée et poussée à bout, termine, en la brisant, l'histoire nationale d'Alger.

II.

DES RELATIONS ENTRE LA FRANCE ET L'ALGÉRIE AVANT L'EXPÉDITION DE 1830.

Premières relations entre la France et l'Odjeac. — Les chevaliers de Malte au siège d'Alger en 1541. — Projet d'occupation de l'Algérie par Charles IX. — L'Odjeac et Henri IV. — L'Odjeac et Louis XIII. — Beaufort contre les Algériens. — Le double bombardement d'Alger par Duquesne. — Bombardement d'Alger par d'Estrées. — Les pirateries pendant le dix-huitième siècle. — La France et l'Odjeac de 1789 à 1815. — Le dey Hussein. — Les griefs de la France. — Insulte au consul Deval. — Affaire de la *Provence*.

Les relations entre la France et l'Odjeac algérien furent d'abord excellentes. On sait que nos rois furent les premiers des souverains de l'Europe qui non seulement entretinrent avec les Turcs des rapports diplomatiques, mais encore signèrent avec eux une véritable alliance offensive et défensive.

Les corsaires d'Alger, qui se considéraient alors comme les vassaux de Constantinople, se montrèrent constamment nos alliés. Dès 1520, ils concédaient aux négociants provençaux le privilège exclusif de la pêche du corail, ainsi que l'exportation annuelle des grains, cuirs, laines, cires et autres productions du pays. En 1661, deux armateurs marseillais, Lynche et Didier, fondaient un comptoir entre la Calle et le cap Rosa : c'était *le Bastion de France*, le premier de nos établissements à la côte d'Afrique. En 1564, Petremol, agent du roi de France en Turquie, demandait la création d'un consulat à Alger ; cette demande n'était pas accueillie, bien que le titulaire, un certain Berthollet eût déjà été désigné. En 1579, nouvelle tentative, qui échoua encore. En 1581, nous étions plus heureux, et le consulat de France à Alger était enfin créé. Les Trinitaires de Marseille en achetaient la propriété, et un certain Boineau en devenait le premier titulaire.

Depuis ce moment jusqu'à 1830, les relations diplomatiques entre la France et la régence d'Alger ne furent jamais interrompues, sauf en temps de guerre.

Ce qui peut-être inspira aux Algériens, plus encore que l'alliance turque, un profond respect de la France, ce fut le courage déployé par quelques-uns de nos compatriotes, lors de la fameuse expédition dirigée par Charles-Quint contre Alger.

On sait que cet empereur avait réuni contre l'Odjeac des forces imposantes : 15 navires de guerre et 451 bâtiments de transport, montés par 12,330 marins et 23,000 soldats. Une centaine de chevaliers de Rhodes, récemment installés à Malte, et parmi eux Savignac de Balaguer, le porte-drapeau de l'ordre, et Durand de Villegagnon, le futur historien de l'expédition, faisaient partie de l'*armada*. Le débarquement s'effectua sans résistance (23 octobre 1541), et les Impériaux s'emparèrent de toutes les positions qui dominaient la ville. Alger semblait condamnée. La tempête la sauva.

Des pluies torrentielles tombèrent tout à coup sur l'armée chrétienne, qui n'avait pas encore reçu son matériel de campement, et des vents impétueux empêchèrent la flotte d'approcher du rivage. Les Algériens profitèrent de la lassitude et du découragement des chrétiens pour tenter une sortie générale. Tout plia sous leur choc impétueux : ils surprirent et égorgèrent les postes avancés et arrivèrent jusqu'au camp.

Au milieu de la panique générale, les chevaliers de Malte firent face à l'ennemi, se groupèrent autour de, leur étendard, porté par le brave Savignac de Balaguer ne tardèrent pas à disperser les assaillants, et, prenant à leur tour l'offensive, marchèrent sur la porte de Bab-Azoun. Leur charge fut tellement vigoureuse que l'aga Hassan, effrayé de leur audace, fit fermer la porte, abandonnant les fuyards au feu des chevaliers, qui en firent un grand massacre. S'ils avaient été soutenus, la ville aurait pu être prise; mais le plus grand désordre régnait dans l'armée chrétienne, et l'empereur ne se doutait seulement pas qu'une poignée de braves étaient aux portes d'Alger.

Abandonnés de tous, écrasés par les projectiles qui tombaient sur eux du haut des murs, les chevaliers de Malte se décidèrent à reculer jusqu'au défilé de Cantarat-el-Afran pour y soutenir une nouvelle attaque des Algériens. C'est à ce moment que Savignac de Balaguer, furieux de voir qu'il fallait retourner en arrière, planta sa dague dans la porte Bab-Azoun, en criant aux assiégés : « Nous reviendrons la chercher ! »

Dans les nouvelles positions occupées par les chevaliers s'engagea un terrible combat, dont les indigènes conservèrent longtemps le souvenir; Villegagnon s'y distingua par sa froide valeur. Réunis en un seul groupe qui barrait comme une muraille l'entrée du défilé, et résolus à mourir pour sauver l'armée, les chevaliers firent subir à l'ennemi des pertes effroyables. On raconte que Villegagnon arracha de son cheval un Algérien qui venait de le frapper de sa lance, et, quoique blessé, trouva la force de le clouer à terre avec sa dague. Les ennemis, étonnés de cette résistance, se réfugièrent alors sur les hauteurs voisines et décimèrent sans péril ces héroïques défenseurs de la bannière chrétienne. Près de la moitié d'entre eux, 38 sur 96, et parmi eux Villegagnon, gisaient à terre, morts ou hors de combat, lorsque enfin l'empereur chargea en personne pour les dégager. Ils avaient peut-être sauvé l'ar-

Fig. 91 — Savignac de Balaguer devant la porte Bab-Azoun (d'après Raffet).

mée; ils avaient certainement sauvé l'honneur du drapeau (25 octobre 1541).

Les chevaliers étaient allés au combat couverts de leurs cuirasses, mais portant au-dessus de ces cuirasses des soubrevestes de soie cramoisie, ornées de la croix blanche. Les Algériens se souvinrent longtemps de ces hommes rouges qu'ils n'avaient pu entamer. Le bruit se répandit parmi eux qu'Alger ne tomberait que sous les coups de guerriers vêtus de rouge, et si on en croit la tradition, les pantalons garance et les retroussis écarlates de nos soldats, en 1830, justifièrent cette prédiction. Tous les historiens du temps s'accordent à exalter le courage de ces chevaliers, dont le plus grand nombre appartenait à la langue de France. Ce sont eux encore auxquels l'empereur confia le périlleux honneur de former l'arrière-garde et de couvrir la retraite. Pendant quatre jours, en effet, ils réussirent à contenir la poursuite, et empêchèrent le massacre des traînards.

La blessure reçue par Villegagnon le priva de l'honneur de prendre part à ces quatre jours de combats acharnés : on avait dû l'emporter du champ de bataille et l'embarquer tout de suite. Il fut assez heureux pour échapper à l'effroyable tempête qui engloutit la plupart des survivants de ce désastre, mais sa blessure se rouvrit pendant la traversée, et il fut forcé de s'arrêter à Rome pour y achever sa guérison. C'est dans cette ville qu'il profita de ses loisirs forcés pour composer en latin la relation de l'expédition d'Alger, qui est restée le plus précieux des documents qu'on puisse citer sur la désastreuse entreprise de Charles-Quint.

Est-ce à la profonde impression produite sur l'esprit des Algériens par la valeur des Français, est-ce à la bonne réputation dont jouissaient nos souverains dans tout le monde oriental, est-ce à d'autres motifs restés inconnus? toujours est-il que, dès le milieu du seizième siècle, l'Algérie faillit devenir colonie française.

Les Algériens avaient été fort menacés par les Turcs après la bataille de Lépante. Ils pensèrent à se donner à la France et écrivirent dans ce sens à Charles IX. On doit regretter de ne plus avoir l'acte authentique par lequel le pays s'offrait de lui-même à la domination française. Ce serait un titre séculaire et un précédent historique; mais on a conservé une lettre de Charles IX à l'évêque d'Acqs, son ambassadeur à Constantinople, en date du 11 mai 1572, laissant entrevoir que cette décision fut provoquée par un mouvement de la population indigène, disposée à secouer le joug des Turcs.

Ce document est peu connu; nous le citerons à cause de son importance et de sa rareté :

« M^r d'Acqs, c'est pour vous avertir comme ayant ceulx d'Alger deslibéré d'envoyer par devers moy me prier les prendre et recevoir en protection et les deffendre de toute oppression, mesmement des entreprinses que les Espaignolz veulent faire sur eulx et leur pays, ie me suis resolu y entendre, m'ayant semblé ne debvoir negliger ceste occasion, quand ce ne seroit que pour empescher lesdits Espaignolz s'en faire maistres, comme ils feroient facilement, estans les villes et places despourveues de vivres et hors de moyen d'en recouvrer à cause de la grande inimitié des janissaires et Maures, et tres mal garnies de munitions de guerre pour se pouvoir deffendre de cest orage, s'ilz ne sont assistez par moy... Au moyen de quoy, ie suis resolu embrasser ceulx dudict Alger et les recevoir en ma protection, estant asseuré que ce sera chose aussy agreable au Grand Seigneur, comme il m'en aura tres grande obligation; et qu'en ceste consideration, il sera tres aise que mon frère le duc d'Anjou en soit et demeure roy, en lui payant le tribut accoustumé, et duquel il demeurera content. Ce que ie vous prie moyenner et lui proposer dextrement... Et si mon entreprinse réussit ainsi que i'espere qu'elle fera si ceulx dudict pays continuent en ceste opinion qu'ilz m'ont mandée, estant asseuré que ledit Grand Seigneur sera beaucoup plus ayse que ledit pays soit entre les mains de mondit frère, luy en faisant telle reconnoissance, que s'il estoit occupé par lesdits Espaignolz, lesquels sans difficulté s'en saisiront si je n'y metz pas la main. »

Notre ambassadeur à Constantinople était un homme froid et avisé qui se rendit compte de tous les dangers de cette politique d'aventure, et supplia son maître de ne rien entreprendre contre Alger avant d'avoir obtenu l'assentiment du sultan.

Sa lettre est fort curieuse (31 juillet 1572); en voici quelques extraits : « Ie ne voy pas qu'il y ait de quoy rire avecques eulx, et ne me puys persuader qu'ilz sceussent trouver ce desseing la bas, puisqu'il est question de s'en emparer et de le tenir avant d'en avoir prins adviz de celluy à qui le fonds appartient... Ie ne me sens pas assez hardy pour leur faire avaller cette tiriaque sans leur desguiser les ingrediens, dont il ne faut doubter que ie n'en souffre par dessus la mesure de mes forces et de ma patience... S'il eust plu à V. M. m'advertir de ceste entreprinse de bonne heure, i'eusse mis peine de faire que vous y eussiez esté recherché, sans monstrer que vous en feissiez desseing de vous en saisir et le forcer; mais à ceste heure que vous commencez par l'execution, il est bien malaisé que ie m'y sceusse conduire si dextrement que ie n'y demeure encloué. Dieu me soit en aide par sa bonté. »

Notre représentant avait grand'peur de voir l'alliance turco-française rompue par cette équipée ; au moins essayat-il d'en tirer tout le parti possible, et, comme il considérait déjà l'occupation comme un fait accompli, il écrivit, par le même courrier, au duc d'Anjou pour lui donner quelques conseils dictés par sa connaissance des affaires orientales :

« Surtout ie vous supplie tres humblement vous garder de la perfidie des Maures, et commander qu'il ne soit faict

Fig. 10. — Le duc d'Anjou (Henri III), auquel il fut offert d'être roi d'Alger.

aucun desplaisir aux Turcs ny en leurs mosquées et religion, ny en leurs personnes et biens ; monstrant que tout ce qui se fait de vostre part ne tient qu'au bien et profict du Grand Seigneur, protestant de luy rendre son pays apres que la guerre qu'il a contre le roy d'Espagne sera finie... Ce langage se doit tenir aux Turcs qui sont par dela, et mesme au vice-roy qui y est a present, afin qu'il n'ayt occasion d'en faire de grandes exclamations par deça, qui toutes tomberoient sur moi. »

Malgré ses défiances et ses craintes, justifiées d'ailleurs par les procédés des Turcs à l'égard des diplomates dont ils croyaient avoir à se plaindre, l'évêque d'Acqs s'acquitta de sa délicate mission. Il annonça au sultan que le duc d'Anjou désirait vivement s'établir à Alger, mais il eut soin de présenter cette occupation comme projetée et nullement comme accomplie. Il ne reçut qu'une réponse dilatoire : « Ie pense bien, » écrit-il, « qu'ils n'ont garde de mordre en ceste grappe, combien que de ce costé la ne soit iamais venu par deça un seul escu en trésor de ce prince, et que le vice-roy qui est ordinairement commis en la garde du pays face entierement son proffit de tout le revenu d'iceluy : qui me faict croire que ce n'est pas grand chose, et que la domination des Maures et des deserts de Libye est aussi differente des belles et fertiles plaines de Flandres comme les pays esloignez l'un de l'autre. Par ainsy, il est a craindre que ceux qui tournent les desseings de mondit seigneur de ce costé la ne lui fassent prendre la paille pour le grain. »

Quelques jours plus tard, le 20 août 1571, l'évêque était admis à une seconde audience du sultan, mais n'obtenait que de vagues promesses. Il s'empressait de les transmettre à Charles IX, et faisait en même temps parvenir au duc d'Anjou l'expression de son dévouement. Il finissait sa lettre en lui proposant de travailler à le faire élire roi de Pologne. « Ie pense, » écrivait-il, « que ceste entreprinse se trouveroit sans comparaison plus seure, et plus grande et plus riche que celle d'Alger, où il n'y a que des mutins et mal contans, suiets a revoltes ordinaires. »

Il est probable que Charles IX, en songeant à établir son frère à Alger, cherchait surtout à se débarrasser de lui. L'offre inattendue du trône de Pologne fut bien accueillie par les deux princes. On sait que le duc d'Anjou fut en effet élu roi de Pologne avant de devenir notre Henri III. L'occupation d'Alger fut donc abandonnée. L'évêque d'Acqs en fut enchanté, non seulement parce qu'il redoutait pour lui les effets de la colère turque, mais aussi parce que, sincèrement, il ne croyait pas à l'utilité pour la France de s'établir sur une côte inhospitalière et dans un pays mal connu.

Si pourtant Alger nous eût appartenu dès le seizième

Fig. 11. — Combat de galères au XVIIe siècle.

siècle, il se peut que notre histoire nationale eût été singulièrement modifiée. Au lieu de tourner notre activité vers le continent, où nous n'avons récolté que des déceptions, nous serions devenus un peuple de marins et de colons. L'Afrique du nord serait sans doute française à l'heure actuelle, et la grande œuvre de civilisation que nous poursuivons en ce moment aurait été avancée de trois siècles. Charles IX n'avait donc pas été mal inspiré en songeant à s'établir à Alger, et il est à regretter que les prudents conseils de notre ambassadeur à Constantinople aient été suivis trop à la lettre.

Les Algériens nous surent très mauvais gré d'avoir ainsi été dédaignés. Malgré les traités et les ordres impératifs du sultan, ils maltraitèrent à diverses reprises nos négociants, coururent sus à nos navires dans la Méditerranée, et remplirent leurs bagnes d'esclaves français. Notre consul, Boineau, protesta ; mais il fut jeté en prison (1584), et la France, alors déchirée par la guerre civile, ne sut ou ne put tirer vengeance de cet outrage.

Un nouveau consul, de Vias, fut plus heureux. Les déprédations des Algériens continuaient : ils prétendaient qu'en couvrant de notre pavillon certains navires étrangers nous les frustrions de leur bien, et, sous ce prétexte, ils pillaient tous les navires qu'ils rencontraient, même ceux qui étaient notoirement français. Le consul se plaignit de cette infraction aux traités. Henri IV, qui régnait alors, ordonna à ses galères d'user de représailles envers la marine algérienne pendant que son ambassadeur demanderait à Constantinople la répression immédiate de ces hostilités. Le sultan reconnut la justesse de ces réclamations, et ordonna la restitution des navires capturés et le paiement d'une forte indemnité. Héder-Pacha, qui gouvernait alors Alger, voulut continuer ses courses contre les navires français, mais le lacet fit justice de sa désobéissance, et il fut étranglé en 1604. En même temps un haut fonctionnaire de la Porte se rendait à Alger pour ordonner la reconstruction du Bastion de France et la restitution de tous les esclaves français. Il annonçait ainsi que, dorénavant, le roi de France était autorisé à se faire justice lui-même en cas de nouvelles contraventions de la part des corsaires algériens.

C'était un vrai triomphe pour la France, mais il ne fut pas de longue durée.

Les Algériens étaient alors fort redoutables. Depuis qu'un corsaire flamand, Simon Danser, leur avait appris à substituer à leurs galères des vaisseaux pontés et à voile, leur marine était devenue formidable. Ils s'intitulaient fièrement les « rois de la mer », et s'indignaient de voir le drapeau français couvrir des navires qu'ils considéraient comme leur proie. Aussi, à maintes reprises, se jetèrent-ils

Fig. 12. — Saint Vincent de Paul (d'après Edelinck).

sur nos vaisseaux, qu'ils capturaient malgré les traités, et dont ils enfermaient les équipages dans leurs bagnes. Ce fut en 1605 que saint Vincent de Paul, allant de Marseille à Narbonne, fut pris par des corsaires qui guettaient les barques revenant de la foire de Beaucaire. Que si nos négociants usaient de représailles, comme le firent les Marseillais, ils s'en prenaient à nos consuls, et ne leur rendaient la liberté qu'après leur avoir imposé une forte rançon.

Il fallait à tout prix sortir de cet état, qui n'était ni celui de paix ni celui de guerre. Une démonstration énergique était, en quelque sorte, imposée à la France; mais nous n'avions alors ni marine ni amiral, et nous nous débattions péniblement contre les difficultés intérieures. Ainsi s'explique la longanimité de nos souverains à l'égard de ces pirates.

En 1616, il y eut une première négociation, qui n'aboutit qu'à un échange de prisonniers. En 1618, nouvelle négociation, conduite par le baron d'Allemagne, mais elle fut interrompue par des massacres réciproques. Les Algériens jettent à la mer un équipage marseillais, et ceux-ci se vengent en massacrant un envoyé d'Alger qui se trouvait dans leur ville, ainsi que quarante Turcs de sa suite. En 1626, troisième tentative : le capitaine Sanson Napollon, chargé de la négociation, se rend à Alger où on lui fait de belles promesses, à condition qu'il rendra les esclaves algériens qui ramaient sur nos galères. Napollon réussit à les racheter, revient à Alger en 1628, et signe enfin un traité définitif le 19 septembre de la même année.

Le Bastion de France devait être rebâti et la pêche du corail reprendre son cours. En retour, la France s'engageait à payer 26,000 doubles, 16,000 pour la milice et 10,000 pour le trésor de la Kasbah. Le traité portait, en outre, que les navires de la compagnie pouvaient naviguer librement le long des côtes d'Afrique qui dépendaient de la régence, et que, loin d'être jamais inquiétés par les corsaires algériens, ils seraient reçus dans les ports en cas de mauvais temps et traités en alliés.

Ce traité ne fut jamais exécuté. Les « rois de la mer »

ne voulaient plus reconnaître ni amis ni ennemis : la mer était leur domaine, et ce n'était pas à la Méditerranée qu'ils bornaient leurs déprédations, ils commençaient à s'aventurer dans l'Océan. On a calculé que de 1618 à 1634 ils avaient pris 80 navires français, dont 52 appartenant aux

Fig. 13. — Galériens (d'après une série d'eaux-fortes du XVIIe siècle).

ports de l'Océan ; leur valeur totale s'élevait à 4,752,600 livres tournois, et ils étaient montés par 1,331 matelots, qui rejoignirent dans les bagnes d'Alger les 2,000 captifs français qui y étaient déjà renfermés. Il est vrai que les vaisseaux français, quand ils étaient en force, usaient de représailles, et que les Marseillais surtout se signalaient par leur impitoyable rigueur ; mais toute sécurité avait disparu.

En 1629 et 1633, Leroux d'Infreville et Henri de Seguiran, chargés par le cardinal de Richelieu d'inspecter les côtes de l'Océan et de la Méditerranée, lui adressèrent des rapports qui constatent cette décadence et cette faiblesse. Les descentes des pirates algériens en Provence étaient si nombreuses, que les habitants de la côte avaient imaginé des signaux de jour et de nuit pour se prévenir mutuellement de leurs attaques et tâcher de s'en garantir ; la terreur inspirée par les pirates était si générale, que chaque maison était transformée en une sorte de forteresse. D'ailleurs les pirateries étaient encouragées par un odieux trafic. Des chrétiens résidant à Alger y achetaient à vil prix les marchandises volées par les pirates, puis, les expédiant de nouveau en Europe, les y vendaient au-dessous de leur valeur, gagnant encore à ce honteux négoce. Richelieu résolut de mettre un terme à ces brigandages ; mais, obligé de faire face à d'immenses embarras à l'intérieur et à l'extérieur, il ne put donner aux mesures qu'il prit toute l'étendue nécessaire. Cependant il garnit de galères les côtes de la Méditerranée et entama des négociations avec les chevaliers de Malte pour faire de leur île une possession française.

En 1636, l'occasion lui parut favorable pour contraindre les Algériens à modifier des conventions « qui ne paraissaient plus dignes du roi de France ». L'archevêque de Bordeaux, Henri de Sourdis, chef des conseils du roi en l'armée navale, venait de passer de l'Océan dans la Méditerranée avec des forces imposantes. Il devait, après avoir repris aux Espagnols les îles d'Hyères et de Lérins, « ranger la côte de Barbarie, depuis Tunis jusqu'à Alger, et demander à ceux desdites villes les esclaves français qu'ils détiennent au préjudice des traités de paix qu'ils ont faits avec le roi, en offrant de rendre les Turcs qui sont à Marseille, en faute de quoi la guerre leur sera déclarée, tous les hommes et vaisseaux desdites villes pris ou brûlés ; même on s'efforcera de brûler ceux qui sont dans le port d'Alger, sans néanmoins s'engager trop ». La nécessité de tenir la mer contre les Espagnols empêcha Sourdis « d'aller à Alger, comme il l'écrivait lui-même, pour leur faire connaître le pavillon de France par la bouche de ses canons ». Mais il détacha une escadre com-

Fig. 14. — Galériens. (Même source que la gravure précédente.)

mandée par le capitaine Simon le Page, commandant du Bastion de France, chargé de négocier la paix, et par l'amiral de Mantis, ou Mantin.

On voulait procéder d'abord pacifiquement.

Cependant, par une contradiction fâcheuse, au moment où les bâtiments français se présentaient sous pavillon parlementaire, quelques navires algériens furent capturés.

Cette maladresse faillit coûter la vie à notre consul Pion, et à l'agent de la compagnie du Bastion à Alger, Mussey-Saul, qu'on voulait brûler vif. Mantin et le Page s'étant retirés sans avoir cherché à employer la force, les Algériens n'en devinrent que plus hardis et plus insolents. Ils firent marcher des troupes contre le Bastion, qui fut détruit une seconde fois; 317 Français qui s'y trouvaient furent réduits en servitude; seul, le gouverneur parvint à gagner Tabarka.

Richelieu ne pouvait laisser impunis de tels actes. En 1640, une nouvelle escadre, commandée par de Montigny, fut envoyée contre Alger. Du Coquiel, gentilhomme ordinaire de la suite du roi, était chargé de la partie diplomatique. Il réussit, le 7 juillet, à signer un traité, peu glorieux, en vertu duquel le Bastion de France était, il est vrai, relevé; mais les esclaves français ne recouvraient qu'en partie la liberté, et les Algériens conservaient le droit de visite sur nos bâtiments, sous prétexte de s'assurer de leur nationalité. Richelieu fut tenté de désavouer du Coquiel; mais comme ce dernier s'était empressé de relever le Bastion de France, le cardinal craignit de compromettre ce naissant établissement. Il aurait certes mieux fait de céder au premier mouvement et de rompre avec les Algériens, car ce traité, malgré ses stipulations onéreuses, ne fut jamais exécuté.

Les actes de piraterie continuèrent; nos pêcheries de corail furent bouleversées et nos agents massacrés. Les bagnes d'Alger furent, comme par le passé, remplis d'esclaves français, dont les gémissements excitèrent une telle émotion, que les pères de la Trinité furent obligés de faire, dans tout le pays, des quêtes pour les racheter. Un pasteur protestant de la Rochelle, Maistrezat, adressa aussi de fréquents appels à la charité pour retirer des bagnes ceux de ses coreligionnaires qui étaient abandonnés par les pères de la Mission. On n'a, pour se rendre compte des humiliations quotidiennes, des vexations et des outrages subis par la France, qu'à parcourir la très intéressante *Histoire de Barbarie*, publiée en 1649 par le P. Dan. Certes mieux aurait valu une répression énergique, car les Algériens, enhardis par l'impunité, s'habituèrent à ne plus voir dans les Français des alliés, mais une sorte de bétail humain qu'il était facile d'acquérir et dont on était assuré de se défaire à bon compte.

Cette situation déplorable devait se prolonger jusqu'au règne de Louis XIV. Les Algériens ne respectaient plus aucun pavillon et croisaient sur toutes nos côtes. En vain le commandeur Paul, les chevaliers d'Hocquincourt et de Tourville, envoyés à leur poursuite, réussirent à les ramener à Alger : ils n'osaient pas attaquer la ville, et à peine avaient-ils pris le large que les pirates recommençaient à écumer la mer.

En 1662, le roi se décida à frapper un coup décisif. Il voulait tout d'abord fonder un établissement en Afrique. « Ce que je désirerois le plus, » écrivait-il, le 19 mars 1662, au duc de Beaufort, « ce seroit que vous pussiez prendre quelque poste fixe en Afrique, soit qu'il fût fortifié, soit qu'il fût dans une assiette à le pouvoir être facilement. »

Beaufort n'avait pas réussi du premier coup, mais en 1663 il refoulait la flotte algérienne dans ses ports. L'année suivante, il débarquait avec 6,000 hommes d'infanterie à Gigeri, près d'Alger, et s'emparait de la ville (23 juillet). Aussitôt le roi, pour assurer les conséquences de cette victoire, commandait des travaux de fortification. Déjà même il demandait qu'on étudiât les moyens d'apprivoiser les Maures et de leur faire accepter l'occupation française comme une protection. Mais pendant une absence de Beaufort, qui était parti pour continuer la chasse aux corsaires, les indigènes s'enhardirent à attaquer leurs vainqueurs ; ils s'approchèrent du camp mal défendu, et prirent rapidement de tels avantages qu'un assaut irrésistible semblait imminent.

Les Français se troublèrent. Gadagne, qui les commandait, eut beau leur promettre des renforts, déjà partis de France : les officiers eux-mêmes, entraînés par les soldats, imposèrent au général l'évacuation. On se rembarqua en désordre dans la nuit du 29 au 30 octobre, laissant aux Algériens presque tout le matériel et le canon. Pour comble de malheur, un des vaisseaux qui ramenaient les fugitifs, la *Lune*, périt en vue de la Provence, corps et troupes, avec environ 1,200 hommes.

A cette nouvelle, Louis XIV défend à Beaufort de rentrer à Toulon ; il lui envoie un supplément de vaisseaux et de vivres pour tenir la mer, et lui ordonne d'agir de telle sorte « que les Algériens ne se vantent plus de l'échec de Gigeri ».

Beaufort, en effet, parcourt en vainqueur la Méditerranée pendant toute l'année 1665. En juin, il s'empare de trois vaisseaux algériens en vue de la Goulette et brûle le reste de l'escadre ; en août, il s'empare de nouveaux vaisseaux sous les forteresses de Cherchell. Le chef de l'Odjeac se nommait alors Ali, homme d'esprit et de mérite. Il comprit le danger auquel il s'exposait en bravant la colère de la France, se hâta de conclure un traité de paix (17 mai 1666), et le fit observer avec la plus grande exactitude, mais il fut assassiné. Sous ses successeurs, tous ennemis déclarés de la France, les déprédations continuèrent.

Ce fut alors que s'illustra Porcon de la Barbinais. C'était un officier malouin, prisonnier des Algériens, et qui fut envoyé par le dey à Louis XIV pour lui proposer des conditions de paix. Il avait promis de revenir, si son ambassade ne réussissait pas, et il savait à l'avance que ces conditions étaient inacceptables. Il va à Saint-Malo, met ordre à ses affaires, puis revient à Alger. Le dey fit trancher la tête à ce nouveau Régulus.

Louis XIV, alors occupé par les grandes guerres de dévolution et de Hollande, méprisa longtemps ces attaques, qui ne laissaient pas d'être gênantes, et ces insultes, qu'il affectait de ne pas connaître. Le danger existait pourtant,

Fig. 15. — Cavalier maure. (Eau-forte du XVIIe siècle).

et c'est une vraie page d'histoire que ce fragment de l'oraison funèbre du duc de Beaufort, par Mascaron : « Quand je me souviens qu'il n'arrivoit point de vaisseau dans nos ports qui ne nous apprît la perte de vingt autres ; quand je songe qu'il n'y avoit personne qui ne pleurât ou un parent massacré, un ami esclave, ou une famille ruinée; quand je me rappelle l'insolente hardiesse avec laquelle ils faisoient des descentes presque à la portée de notre canon, où ils enlevoient tout ce que le hasard leur faisoit rencontrer de personnes et de butin; que les promenades même sur mer n'étoient pas sûres; qu'on craignoit toujours que, de derrière les rochers, il n'en sortît quelque pirate; quand je me représente les cachots d'Alger ou de Tunis remplis d'esclaves chrétiens... mon imagination me rend ces temps malheureux si présents, que je ne puis m'empêcher de m'écrier : *Usque quo, Domine, improperabit inimicus?* »

N'était-ce pas en 1678 que Regnard était enlevé par les pirates entre Civita-Vecchia et Toulon? Sans doute il n'a pas mis ses aventures à la scène, mais il les a racontées, avec quelques embellissements, dans son aimable nouvelle intitulée *la Provençale.*

Aussi bien le dey ne se contenta bientôt plus de ces insultes répétées. En 1682, Baba-Hassan prenait contre la France une attitude décidément hostile. On raconte même qu'il fit venir notre consul, et, lui montrant la flotte prête à appareiller : « La paix avec ton pays est rompue, » lui dit-il. « Malheur à ton maître! dans quelques jours, ces vaisseaux auront anéanti sa marine et son commerce. »

Cette insolente provocation détermina l'envoi d'une grande expédition, dont le commandement fut confié au vieux du Quesne. Elle se composait de 11 vaisseaux de guerre, de 15 galères, de 2 brûlots, de quelques tartanes et de 5 galiotes à bombes. C'est pour la première fois que paraissait ce nouvel engin de destruction, inventé par Renau d'Éliçagaray. Ces galiotes étaient des bâtiments de la force des vaisseaux de 50 canons, mais elles avaient un fond plat et étaient renforcées de puissants madriers pour résister au recul du mortier. Elles portaient chacune 2 mortiers placés en avant du grand mât sur une plate-forme de bois, supportée par des couches de madriers et de câbles, et 8 canons à l'arrière.

La flotte parut devant Alger à la fin d'août 1682. Les

Fig. 16. — Abraham du Quesne.

vaisseaux, empêchés par la grosse mer, ne firent d'abord que peu de mal à la ville, et même une des galiotes à bombes laissa tomber son projectile à bord. Du Quesne, hardiment, ordonna aux vaisseaux de se rapprocher des forts, et le feu, mieux dirigé, recommença avec plus de justesse et de vivacité. Le 4 septembre, après une nuit de bombardement, dont il avait été facile de suivre les dégâts dans la ville et dans le port, les Algériens députèrent à du Quesne un vicaire apostolique, le P. le Vacher, qui remplissait alors les fonctions de consul de France ; l'amiral refusa de le recevoir et fit continuer le bombardement. Le 5, des envoyés du dey se présentèrent, mais ils ne voulurent pas livrer les esclaves français qui remplissaient les bagnes, et du Quesne, inflexible, ordonna de ne pas interrompre le feu. Son obstination allait avoir raison de la résistance algérienne, lorsque le mauvais temps se déclara. L'amiral, qui redoutait les tempêtes de l'équinoxe et avait d'ailleurs rempli sa mission, puisque la ville était à moitié détruite, rentra à Toulon.

Ce n'était qu'un demi-succès. Bossuet, dans son oraison funèbre de Marie-Thérèse, célèbre pourtant cette revanche passagère dans le style des prophètes. L'effet de ce coup foudroyant dura peu. Quelques semaines après le départ de du Quesne, les Algériens, qui se vantaient d'être assez riches pour rebâtir une ville nouvelle, avaient déjà repris la mer et recommencé leurs incursions.

Louis XIV, irrité de leur audace, chargea du Quesne de conduire contre eux une nouvelle escadre et d'achever cette fois l'œuvre de destruction. Le 26 juin 1683, les galiotes s'embossaient devant la ville et ouvraient le feu. Les effets en furent si destructeurs, que les Algériens épouvantés envoyèrent à l'amiral le P. le Vacher, accompagné d'un Turc et d'un interprète. L'amiral, avant d'entamer aucune négociation, exigea la libération de tous les esclaves français, et demanda comme otages l'amiral Mezzomorto et le capitaine Ali. Ces conditions furent acceptées, et les négociations commencèrent. Le point en litige était le payement d'une forte indemnité de guerre. Mezzomorto engagea du Quesne à le laisser aller à terre, et lui promit qu'en une heure il en ferait plus que le dey en quinze

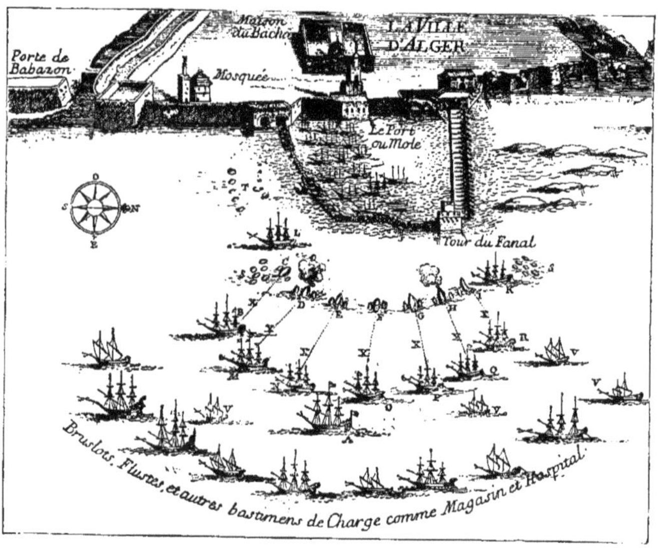

Fig. 17. — Ordre des vaisseaux pour le bombardement en 1682 (d'après une gravure de l'époque).

jours. L'amiral le crut et le rendit à la liberté : à peine Mezzomorto avait-il débarqué qu'il faisait assassiner le dey, prenait sa place, arborait le drapeau rouge sur tous les forts et annonçait à l'amiral que, s'il continuait à lancer des bombes, il ferait mettre des chrétiens à la bouche des canons.

Du Quesne prit cette mesure pour une fanfaronnade et ordonna aux galiotes de recommencer leur œuvre de destruction ; mais les Algériens exaspérés, et, paraît-il, excités par un négociant anglais, enfoncent alors les portes du consulat de France, le pillent, s'emparent du P. le Vacher, le portent sur une chaise, car il était perclus de tous les membres, l'attachent à la bouche d'un canon et y mettent le feu. Vingt-deux autres chrétiens périrent de la même façon. L'un d'entre eux se nommait Choiseul. Il était déjà attaché à la bouche du canon, quand il fut reconnu par un capitaine algérien qui jadis avait été son prisonnier et avait été fort bien traité par lui. Le capitaine se jette à son cou et demande sa grâce, attestant qu'il va mourir avec lui, si on ne le détache pas. Les Algériens ne l'écoutent même pas, et le même coup de canon fait deux victimes au lieu d'une seule.

Une centaine de maisons avaient été détruites, quelques mosquées renversées, trois gros corsaires coulés dans le port, plusieurs centaines d'Algériens tués. Personne encore ne songeait à se rendre, et la provision de bombes s'épuisait. Du Quesne envoya demander au dey s'il voulait traiter. Mezzomorto refusa, et la flotte française, qui n'avait plus de munitions, fut obligée de rentrer à Toulon (25 octobre), ramenant, pour tout trophée, un grand nombre de captifs libérés.

L'année suivante, l'amiral de Tourville se présenta encore devant Alger à la tête d'une nombreuse escadre, et annonça qu'il allait recommencer à bombarder la ville, si on n'acceptait pas la proposition du roi de France. Les

Algériens, malgré leur jactance, commençaient à comprendre que la France finirait par les vaincre, et ils craignaient de sanglantes représailles. De plus, le dey Mezzomorto était en butte à diverses conspirations, et désirait, pour se maintenir au pouvoir, n'avoir pas à redouter une attaque étrangère. Cette fois, les négociations ne traînèrent pas en longueur, et, le 25 avril 1684, un nouveau traité était signé. Il portait en substance que les relations inter nationales se feraient librement et sans obstacle, que tous les eslaves français seraient rendus, que les navires français et algériens se respecteraient et s'entr'aideraient mutuellement, etc. En résumé, la France reprenait à Alger son ancienne prépondérance, au grand désespoir des Anglais, des Hollandais et même des Espagnols, qui avaient mis en jeu toutes sortes d'intrigues pour entraver les négociations.

Cette fois encore, la paix ne fut pas observée. Dès 1685, nos navires de commerce étaient de nouveau insultés et pillés. Les expéditions des pirates devinrent même si fréquentes, et les pertes qu'ils firent subir à notre commerce furent si considérables, que le ministre de la marine, en 1686, ordonna une chasse à outrance contre les navires algériens et promit une prime considérable pour chaque capture. Le dey riposta en jetant au bagne notre consul Piolle et en augmentant les fortifications d'Alger.

Le 29 juin 1688, l'amiral d'Estrées paraissait en rade d'Alger, et annonçait qu'il allait bombarder la ville et userait de représailles si les Algériens lançaient encore des chrétiens en guise de boulets. Pendant quinze jours, le feu des galiotes ne discontinua pas et fit des ravages affreux. Mais les assiégés résistèrent avec une énergie qu'on ne saurait s'empêcher d'admirer s'ils ne l'avaient souillée par d'odieux actes de cruauté. Ils attachèrent à la bouche de leurs canons un missionnaire, le P. Montmasson, le consul Piolle, et trente-huit autres Français. D'Estrées riposta en ordonnant le massacre de dix-sept prisonniers turcs, dont les cadavres furent placés sur un radeau qu'on poussa dans le port. Il fut néanmoins obligé de rentrer à Toulon avec son escadre. Cette fois encore, la France n'avait réussi qu'à entasser des ruines.

De part et d'autre, on commençait à se lasser de cette guerre sans pitié et sans résultat. Les Algériens n'osaient plus sortir de leurs ports, mais le commerce français ne recouvrait pas sa sécurité. Mezzomorto, le héros de la résistance nationale, entama des négociations, que le gouvernement français continua avec plaisir. Le 26 juillet 1690, l'ambassadeur Mohammed-el-Emin-Cogea était reçu en audience solennelle et adressait à Louis XIV un discours emphatique, où, tout en le comparant à Alexandre et à Salomon, il le priait de reprendre avec les anciens alliés de la France les bonnes relations d'autrefois. Louis XIV répondit avec hauteur qu'il agréait les excuses des Algériens et oublierait volontiers ses griefs, à condition que le nouveau traité fût non pas un armistice, mais une paix définitive. Le traité fut, en effet, signé; il confirmait purement et simplement les stipulations déjà tant de fois promises et si souvent violées.

Pendant le dix-huitième siècle, aucun fait saillant ne mérite d'être signalé dans l'histoire de nos relations avec la régence. C'est toujours la même répétition de conventions, de traités, de renouvellements, de menaces et de déprédations. Il serait peu intéressant d'en suivre la fastidieuse énumération dans un aussi rapide résumé. Qu'il nous suffise de rappeler le traité conclu, le 16 janvier 1764, par le chevalier de Fabry, commandant l'escadre mouillée à Alger, avec le dey Ali-Aga. Tous les griefs passés devaient être oubliés. S'il survenait une rupture, tous les résidents français avaient trois mois pour mettre en ordre leurs affaires. Dans le cas de collision entre deux bâtiments, les coupables seraient punis, soit par le dey, soit par notre consul, suivant leur nationalité, et, dans tous les cas, il ne serait fait aucun mal aux Français résidant dans les villes de la régence. Ces conventions n'avaient pas grande valeur ; elles servaient néanmoins d'expédients temporaires pour amortir les pirateries.

Fig. 18. — Les envoyés du dey devant Louis XIV. (Gravure du temps.)

Les pirateries continuèrent donc, malgré les progrès de la civilisation, pendant tout le dix-huitième siècle, moins violentes peut-être que jadis, mais tout aussi persistantes. On se souvient que Molière, quand il s'égare dans le champ de la fantaisie, met en scène des esclaves enlevés par des Turcs. Le Géronte des *Fourberies de Scapin* ne trouvait pas invraisemblable le voyage de son fils dans la fameuse galère. Au dix-huitième siècle, le nom et la pensée des pirates algériens étaient encore familiers aux imaginations populaires, car des milliers de prisonniers continuaient à vivre et à souffrir dans les bagnes, sous le regard de consuls impuissants ou de religieux trop pauvres pour soulager toutes les misères.

En 1720, le P. Gomelin écrivait son *Voyage pour la rédemption des captifs*, où il racontait les touchantes aventures de Mlle de Bourk, une enfant de neuf ans, prise sur mer en allant de Cette en Espagne, et le danger couru par une jeune Espagnole, Anne-Marie Fernandez. Il mentionnait également les marins, les soldats et les chevaliers de Malte victimes de la piraterie barbaresque. Ne trouve-t-on pas, dans la liste des captifs qu'il racheta, jusqu'à un pêcheur des côtes de Terre-Neuve!

En 1732, un Suisse au service de la France, le chevalier d'Arreger, était pris sur un navire français et réduit en esclavage. Sa captivité dura cinq ans. Il fut d'abord assez doucement traité, puis soumis aux travaux les plus rudes. Il a raconté ses infortunes dans un touchant récit, véritable page d'histoire, dont nous donnerons quelques extraits :

« On nous occupa à traîner une grande charrette chargée de gros quartiers de pierre, à laquelle une douzaine de chrétiens, enchaînés comme nous deux à deux et placés devant nous, étaient aussi attelés; j'y trouvai bonne compagnie, si l'on peut appeler de ce nom ceux avec qui on est en esclavage. Il y avait quantité d'officiers et de soldats espagnols et irlandais, dont plusieurs étaient de familles distinguées. Jeunes et vieux, nous eûmes bientôt fait connaissance, et nous nous consolions mutuellement. J'étais d'abord assez charmé de pouvoir sortir de ma prison, où depuis six mois je n'avais vu le ciel que par une petite ouverture; mais je ne pouvais m'accoutumer au métier qu'on me forçait de faire... On nous occupait à charger le sel que les vaisseaux anglais et français apportaient, à décharger le blé des vaisseaux algériens, à tirer de la mer le sable nécessaire pour lester les vaisseaux lorsqu'ils devaient aller en course, à transporter dans les magasins le plomb et le fer que les Suédois et les Hollandais apportaient aux Algériens pour faire la guerre aux chrétiens. Enfin, on nous occupait à toute espèce de travaux, sans considérer que nous n'étions point faits à cela, et qu'enchaînés deux à deux nous ne pouvions travailler qu'avec beaucoup de peine...

« Notre travail devenait encore plus pénible par l'ardeur du soleil de l'Afrique à laquelle nous étions exposés toute la journée, sans pouvoir nous bouger de la place où l'on nous mettait. Nous ne pouvions la quitter qu'à midi, pour prendre, chacun suivant ses moyens, quelque nourriture ; encore n'osait-on pas se nourrir convenablement, dans la crainte de passer pour riche, et de rendre, par cette opinion qu'on aurait de nous, notre rachat plus difficile.

« Nous étions si serrés dans notre prison, que les uns avaient été contraints de suspendre aux planchers des espèces de bois de lit, à la matelote, et les autres de placer leurs lits au-dessus des lits des premiers. Chacun attachait sa chaîne à son lit, en lui donnant autant de largeur qu'il fallait pour pouvoir se retourner... Nos peines ne finissaient pas avec le jour ; c'était pendant la nuit que les chrétiens se tourmentaient les uns les autres. Nous trouvant ainsi pêle-mêle, il fallait soutenir l'indépendance d'un chacun. J'étais ordinairement couché à huit heures, et, quand j'étais une fois endormi, toutes ces querelles, tous ces tintamarres ne m'éveillaient guère ; les fatigues que j'avais supportées le jour et la tristesse que m'inspirait ma situation me procuraient les plus belles nuits que j'aie jamais eues de ma vie. »

Ce simple fragment des mémoires d'un soldat ne justifie-t-il pas, si elle avait besoin de l'être, la punition de tant d'outrages accumulés depuis trois siècles, et n'est-il pas vrai qu'en interdisant à tout jamais le retour de semblables scènes la France a bien servi la cause de la civilisation et de l'humanité ?

La révolution de 1789 n'apporta aucun changement dans les relations de la France et de l'Algérie.

Les traités de paix et d'amitié furent renouvelés en 1791 et en 1793 ; mais, lors de l'expédition d'Égypte, le sultan ayant fait appel à tous les musulmans au nom de l'islam menacé, les corsaires algériens se jetèrent sur nos vaisseaux et ruinèrent notre commerce dans la Méditerranée. Une fois encore, notre malheureux établissement de la Calle fut renversé de fond en comble, nos nationaux et notre consul jetés dans les bagnes. Lorsque la Turquie, en 1800, signa la paix avec la France, elle força les corsaires à cesser leurs incursions. Le 30 septembre, un nouveau traité fut signé avec les Algériens ; il confirmait les précédents, c'est-à-dire nous restituait les concessions d'Afrique, ainsi que les effets et les marchandises saisis. Le chargé d'affaires de la république française, Dubois-Tainville, le renouvela même avec plus de développements le 17 décembre 1801, mais il ne fut pas mieux observé que les précédents.

Les pirateries se renouvelèrent et devinrent même si fréquentes, que le premier consul Bonaparte se crut obligé d'adresser une lettre menaçante au dey Moustafa (1803) :

« Je vous écris cette lettre directement, parce que je sais qu'il y a de vos ministres qui vous trompent, qui vous portent à vous conduire d'une manière qui pourrait vous attirer de grands malheurs. Cette lettre vous sera remise en mains propres par un adjudant de mon palais. Elle a pour but de vous demander réparation prompte, et telle que j'ai droit de l'attendre des sentiments que vous avez toujours montrés pour moi... »

Suivait l'énumération des griefs. « Je vous prie de vous

méfier de ceux de vos ministres qui sont ennemis de la France, vous ne pouvez en avoir de plus grands; et si je désire vivre en paix avec vous, il ne vous est pas moins nécessaire de conserver cette bonne intelligence qui vient d'être rétablie et qui seule peut vous maintenir dans le rang et la position où vous êtes ; car Dieu a décidé que tous ceux qui seraient injustes envers moi seraient punis. Que si vous voulez vivre en bonne amitié avec moi, il ne faut pas que vous me traitiez comme une puissance faible ; il faut que vous fassiez respecter le pavillon français, celui de la république italienne, qui m'a nommé son chef, et que vous me donniez réparation de tous les outrages qui m'ont été faits. »

Le dey répondit une lettre pleine de déférence et d'obséquiosité, car les musulmans s'inclinaient volontiers devant le héros des Pyramides et d'Aboukir, le « sultan de feu, » comme ils l'avaient surnommé, et lui donna satisfaction sur tous les points. Il finissait en lui annonçant le rétablissement de la compagnie de la Calle et ajoutait : « Vous dites qu'il y a des hommes qui me donnent des conseils pour nous brouiller : notre amitié est solide et ancienne, et ceux qui chercheraient à nous brouiller n'y réussiraient pas... Si à l'avenir il survient quelque discussion entre nous, écrivez-moi directement, et tout s'arrangera à l'amiable. »

Tant que les flottes françaises se montrèrent dans la Méditerranée et que Bonaparte fut en mesure d'appuyer ses paroles par des actes, les Algériens restèrent fidèles au traité; mais quand la journée de Trafalgar eut anéanti notre marine militaire, et lorsque le pavillon anglais eut remplacé le nôtre dans tous les ports de la Méditerranée, les Algériens n'obéirent plus qu'à ce qu'ils croyaient être leur intérêt. Dès 1806, ils avaient admis sur les marchés dont nous avions le monopole la concurrence des Maltais et des Espagnols. En 1807, ils vendirent à l'Angleterre nos concessions africaines et rompirent ouvertement. Ils recommencèrent même leurs pirateries, et de nouveau des esclaves français peuplèrent les bagnes algériens.

Une de leurs plus illustres victimes fut le grand astronome Arago. En avril 1807, obligé de quitter précipitamment l'île de Majorque, où il mesurait l'arc du parallèle compris entre le mont Galatzo et Iviça, il se rendit à Alger sur une barque de pêcheurs. Accueilli par notre consul, Dubois-Tainville, il s'embarqua pour Marseille, et fut pris en mer par un corsaire espagnol. Le dey protesta contre cette insulte faite à son pavillon, et obtint qu'on rendrait la liberté à l'équipage. Jeté par la tempête à Bougie, et fort maltraité par les indigènes qui le dépouillent et le pillent, il n'est sauvé que par un marabout, qui le prend sous sa protection et le conduit à Alger, couvert du burnous des Arabes. Il y est fort mal reçu par le dey, qui le fait inscrire sur la liste des esclaves et l'envoie servir à bord des corsaires de la régence en qualité d'interprète. Arago ne recouvra sa liberté que sur les instances du consul de Suède, et ne put rentrer en France qu'en juillet 1809.

On peut ne pas aimer Napoléon, mais il faut lui rendre cette justice qu'il s'efforça en toute circonstance de maintenir la dignité nationale. Irrité par ces misérables attaques, il forma le projet de se venger, et, bien que réduit à l'inaction par le manque de vaisseaux, il prépara une expédition contre Alger. Un des meilleurs officiers de la marine impériale, le capitaine Boutin, fut chargé par lui d'explorer le littoral algérien et d'y chercher un port de débarquement. Il accomplit sa mission avec une scrupuleuse habileté, et, d'un doigt prophétique, indiqua la plage de Sidi-Ferruch, où devaient débarquer les Français vingt-trois ans plus tard. Il indiqua même dans son rapport le nombre des troupes et des vaisseaux à employer, et l'itinéraire à suivre dans la marche contre Alger. Ce fut l'empire, par conséquent, qui prépara la conquête de

1830, et il ne serait que juste de remettre en lumière le nom du capitaine Boutin.

Au congrès de Vienne, en 1815, il fut un moment question de former une ligue contre les corsaires. L'Angleterre s'y opposa, parce qu'elle craignait que cette répression ne rendît à la France son ancienne influence; mais l'élan était donné, et les nouvelles insultes des Algériens allaient enfin déchaîner l'orage qui depuis trois siècles menaçait la ville coupable.

Depuis 1818, régnait à Alger le dey Hussein. Ce n'était pas un homme ordinaire. Né à Vourla, petite ville de l'Asie Mineure, vers 1767, fils d'un officier d'artillerie qui lui fit donner une excellente éducation, il partit de bonne heure pour Constantinople, s'y enrôla dans le corps des *topchis* ou canonniers, et, par son aptitude, son zèle à remplir tous les devoirs du service, ne tarda pas à se faire aimer de ses chefs et à obtenir un grade élevé. Mais il était opiniâtre et irascible. Ayant un jour violé la discipline, il ne voulut pas subir la peine qu'il avait méritée, partit secrètement pour Alger et s'enrôla dans l'Odjeac.

Comme les membres de l'Odjeac, une fois qu'ils avaient rempli leurs obligations militaires, pouvaient vaquer à d'autres occupations, Hussein, afin de se créer une position indépendante, s'improvisa négociant. Il réussit au delà de toute attente, et sut déployer une aptitude spéciale pour l'administration et le maniement des affaires. Le dey Omar l'appela aux fonctions de secrétaire de la régence, et lui confia la direction des domaines de l'État. Ali-Kodja, son successeur, témoigna une égale bienveillance à Hussein. A la mort d'Ali-Kodja, en 1818, Hussein fut proclamé son héritier. Il refusa d'abord cet honneur, mais les instances de la milice le décidèrent à accepter. Comme il le racontait plus tard, dans un voyage qu'il fit à Paris après la conquête, « il y allait de ma tête, car ceux dont le suffrage était tombé sur moi m'auraient tenu compte du mépris que je semblais faire de leur vote, et les prétendants, sur lesquels je l'aurais emporté, m'auraient considéré comme leur ennemi personnel. Force me fut d'accepter. »

Ce souverain malgré lui ne connaissait que trop les hommes auxquels il devait son élection. Quelques jours après son avènement, il faillit devenir leur victime. Sorti de son palais pour inspecter des travaux de fortification, il fut entouré et menacé par les soldats turcs, qui n'avaient pas contre lui de sérieux griefs, mais espéraient trouver dans l'élection d'un autre dey de nouveaux profits. Hussein se le tint pour dit : il s'enferma dans son palais, la fameuse Kasbah, et n'en sortit que douze ans plus tard, lorsque nos soldats entrèrent victorieux à Alger.

Pendant les douze années de son règne, Hussein se fit remarquer par sa justice et par sa fermeté. L'Orient tout entier était alors agité par des réformateurs, qui semblaient vouloir initier leur pays à la civilisation européenne. Hussein éprouvait pour ces réformateurs une vive et sincère admiration : il aurait voulu faire en Algérie ce que le sultan Mahmoud à Constantinople et Méhémet-Ali en Égypte s'efforçaient de réaliser, et peut-être y serait-il parvenu sans ses imprudences et ses torts vis-à-vis de la France.

Notre représentant à Alger n'inspirait à Hussein qu'une médiocre sympathie. Le consul Deval était né dans le Levant. Il connaissait la langue et les usages turcs, car il avait exercé pendant plusieurs années les fonctions de drogman à Péra, mais il avait contracté dans l'exercice de ces fonctions l'habitude de ces formes souples et obséquieuses que les autorités musulmanes exigent toujours des agents inférieurs. Deval, en un mot, ne représentait pas la France avec assez de dignité, de raideur si l'on préfère, car il faut être raide avec les Orientaux, sinon ils prennent la longanimité pour de la faiblesse et les concessions pour des actes de lâcheté. C'est ce qui arriva à notre consul : il ne fut pas assez cassant et fit trop de concessions.

Depuis trois siècles, la France possédait non loin de Bône une certaine étendue de territoire, désignée sous le nom de *concessions d'Afrique*, dont la possession, moyennant un léger tribut de 17,000 francs, nous avait été confirmée, en 1518 et 1692, par les sultans Sélim et Achmet. Ce territoire procurait des bénéfices assez considérables à ceux de nos négociants qui exploitaient les bancs de corail de cette partie du littoral africain.

Le dey consentit à nous le restituer en 1817, mais à condition que la redevance annuelle serait portée de 17,000 à 60,000 francs; Deval eut la faiblesse d'y consentir. Deux ans après, en 1819, Hussein déclara qu'il fallait opter entre la cessation immédiate de notre privilège ou une redevance de 200,000 francs. Au lieu de refuser, Deval se soumit à cette nouvelle exigence. Ce fut en pure perte. Hussein, en 1826, accordait à toutes les nations ce droit de pêche qui nous était réservé, et, par une singulière contradiction, prétendait nous forcer à lui donner encore la redevance de 200,000 francs. Cette fois, l'affaire resta pendante ; elle ne devait être tranchée que par la conquête.

« A ces sujets de plainte venait se joindre la violation incessante des traités : recherches violentes dans la demeure de nos agents consulaires ; droits exigés de nos négociants en dehors ou au delà des tarifs ; visite de nos bâtiments en pleine mer; navires français attaqués et pillés par des sujets de la régence. Bien plus, la restauration, en 1825, ayant accordé sa protection au pavillon romain, le dey reconnut ce protectorat, prit l'engagement officiel de le respecter, et, dix-huit mois plus tard, malgré cette promesse, il laissait arrêter par ses corsaires deux bâtiments romains, dont il prononçait la confiscation et autorisait la vente, puis, celle-ci opérée, Hussein en partageait le prix avec les capteurs. »

L'affaire la plus grave était relative à une certaine créance Bacri-Busnach.

En voici l'origine : deux négociants algériens, Bacri et Busnach, avaient fait à la France, sous le directoire et le consulat, d'importantes fournitures de grains; ils n'avaient jamais été payés, et réclamaient un règlement de comptes. En 1814, quand nos relations furent rétablies, le gouvernement algérien insista pour la liquidation de cette créance, dont il portait le chiffre à 14 millions. Une transaction fut proposée, et approuvée par le roi de France et le dey, qui régla définitivement la créance à 7 millions, payés par douzièmes à partir du 1er mars 1820. Il est vrai qu'un des articles de cet acte réservait les droits des Français créanciers de Bacri et Busnach, et stipulait qu'une somme égale au montant des réclamations faites contre ces derniers serait déposée et gardée jusqu'à ce que les tribunaux compétents eussent prononcé. Ces réclamations montaient à 2,500,000 francs, qui furent versés à la caisse des dépôts et consignations, et les 4,500,000 francs restants furent payés aux négociants algériens. Hussein réclama contre ce dépôt, se plaignit de la lenteur de nos tribunaux à prononcer sur les oppositions dont était frappée la somme déposée, et finit par demander qu'on la lui remît. Ces prétentions étaient inadmissibles : elles furent écartées. De là des récriminations sans fin.

Hussein était surtout fort irrité contre Deval, auquel il imputait, non sans fondement, la réduction du capital et les retards subis par la liquidation de la créance ; il demanda son rappel. La France, par un sentiment de fausse dignité, crut devoir maintenir son agent. Hussein, froissé de ce procédé, écrivit directement à Charles X pour en appeler à sa justice.

La réponse à cette lettre n'était pas encore arrivée à

Alger lorsque, le 27 avril 1827, Deval s'étant présenté avec les autres consuls à l'audience du dey pour le complimenter, d'après l'usage, à l'occasion des fêtes du Beïram, une discussion fort aigre s'éleva entre le dey et lui, à propos de la saisie et de la vente de deux bâtiments romains.

Fig. 19. — M. Deval, consul de France, insulté par le dey Hussein.

« Comment! » lui dit le dey, « tu viens encore me tourmenter pour une affaire qui ne regarde pas la France, quand ton roi ne daigne pas répondre à une lettre que je lui écris pour une affaire qui m'est personnelle ? » Deval répliqua aussitôt par quelques paroles dédaigneuses, dont le sens était que le roi de France ne répondait pas à un homme tel que lui. Hussein ne voyait jamais notre consul sans éprouver une vive irritation. Il saisit avec empressement l'occasion de décharger une colère longtemps contenue, sauta à bas de son divan, fit un pas vers Deval, et le frappa au visage d'un coup d'éventail en lui ordonnant de sortir sur-le-champ.

La France venait d'être souffletée sur la joue de son représentant. Un tel affront réclamait une punition éclatante. Notre consul reçut l'ordre de cesser tout rapport avec le dey, et quitta Alger le 11 juin 1827. Peu de jours après son départ, le bey de Constantine, un vassal d'Hussein, se précipitait sur nos concessions, ruinait nos établissements et détruisait le port de la Calle. En même temps le dey publiait contre la France une déclaration de guerre. Le sort en était jeté : la vieille alliance était rompue. La France, pour venger son injure, n'avait plus qu'à recourir à la force des armes.

L'affront subi par notre consul avait été vivement ressenti. Malgré l'opposition formidable qui existait contre le gouvernement d'alors, toutes les classes de la nation virent partir avec plaisir l'escadre destinée à venger l'insulte nationale.

Cette escadre, commandée par le capitaine Collet, comptait 13 bâtiments. Elle s'occupa d'abord de resserrer les corsaires dans le port d'Alger. Quelques-uns d'entre eux parvinrent néanmoins à se soustraire à la surveillance des croiseurs et causèrent de vives inquiétudes à notre commerce. Hussein essaya même de faire sortir toute sa flotte. Le 4 octobre 1827, tous les vaisseaux d'Alger présentèrent la bataille à nos marins. Collet l'accepta avec empressement, et ses habiles manœuvres ainsi que le courage des matelots lui valurent la victoire. Les corsaires furent obligés de rentrer à Alger, après avoir subi des pertes sérieuses.

Ce fait d'armes, tout glorieux qu'il était, n'avançait en rien nos affaires. Nos vaisseaux, en effet, ne pouvaient serrer

Alger d'assez près pour empêcher l'entrée ou la sortie de tous les petits navires composant la marine militaire ou marchande de cette place. De plus, sur cette côte sans abri, ils étaient obligés de se disperser à la moindre tempête. et ce n'était pas sans éprouver de fortes avaries.

Cette situation, en se prolongeant, risquait de devenir dangereuse. La France se voyait réduite à la nécessité d'un grand effort ou à l'humiliation de faire des excuses à un chef de pirates.

Le roi Charles X était d'avis d'une répression immédiate. Lorsqu'il ouvrit la session législative de 1828, il rappela nos griefs contre Alger et menaça le dey d'une punition éclatante ; mais l'opinion publique n'était pas encore suffisamment préparée, et les députés, afin de se rendre populaires, ne visaient qu'à l'économie. Aussi ne prêtèrent-ils qu'une attention distraite aux paroles du roi. Ce dernier ne renonça pas à son projet. Il fit même préparer au ministère de la guerre, par une commission spéciale, un plan d'attaque. Il réunit aussi des troupes dans le Midi, mais le système des hésitations prévalut encore, et on continua le blocus par mer, tout en entamant avec Hussein des négociations qui ne devaient pas aboutir. L'année 1828 se passa de la sorte sans événements marquants.

En 1829, Charles X revint encore sur la question algérienne en ouvrant la session législative. « A l'égard des Barbaresques, » dit-il, « nous sommes informés que la régence et la population d'Alger sont fatiguées d'un blocus rigoureux, que notre marine a su tenir étroitement serré, malgré l'hiver; 10 bâtiments, dont 1 vaisseau et 5 frégates, y sont consacrés, tandis que 25 autres sont destinés à escorter les expéditions de commerce. Nous avons lieu de croire, jusqu'à présent, que le blocus suffira pour obtenir les réparations exigées, sans qu'on ait besoin de recourir à d'autres moyens, qui, dans tous les cas, devraient être mûrement discutés. »

Les députés accueillirent cette ouverture avec une prudente réserve. Il était évident qu'ils ne voulaient pas s'engager. « Des sujets de plainte légitimes, » répondirent-ils au roi, « ont armé contre Alger les forces de Votre Majesté ; nous nous reposons sur la vigueur des mesures qu'elle a prescrites pour protéger efficacement notre commerce et venger le pavillon français. » La guerre n'était donc pas décidée, et le roi seul paraissait y tenir. De graves événements survinrent qui la rendirent inévitable.

Le commandant de la croisière, Collet, avait été remplacé par la Bretonnière. Jusqu'alors notre escadre n'avait éprouvé aucun de ces sinistres si fréquents sur la côte africaine ; mais, le 17 juin 1829, trois de nos chaloupes poussées à terre par la force des lames, ne purent reprendre la haute mer. Les quatre-vingts soldats ou matelots qui les montaient furent entourés par une foule d'Arabes et durent se battre en désespérés. Ils furent accablés par le nombre ; à l'exception de quelques matelots qui se jetèrent à la nage et furent recueillis par les bateaux de l'escadre, tous les autres furent impitoyablement massacrés. Ce désastre découragea les équipages.

On commençait à se lasser d'un blocus dangereux et inutile. D'un autre côté, le gouvernement désirait en finir d'une façon ou de l'autre, car le blocus avait déjà coûté 20 millions et n'aboutissait à rien. Avant de jeter le pays dans les périls et dans les sacrifices d'une descente en Algérie, Charles X et ses ministres voulurent tenter un dernier effort de conciliation, et, en juillet 1829, chargèrent le capitaine la Bretonnière d'aller proposer au dey un accommodement, dont les conditions étaient fort modérées.

Le 30 juillet, le vaisseau la *Provence* et le brick l'*Alerte* vinrent mouiller en parlementaires sur la rade d'Alger. La Bretonnière et son état-major furent logés chez le ministre de la marine, qui leur annonça que le dey les recevrait le lendemain en audience solennelle. Le 31 juillet, ils furent, en effet, conduits à la Kasbah, mais on eut soin de les faire passer devant les débris de nos trois chaloupes, que les Algériens considéraient comme les trophées d'une victoire.

Ce n'était que le prélude des mauvais traitements réservés aux parlementaires. La Bretonnière fit connaître au dey les satisfactions réclamées par la France. Après une discussion très animée, dans laquelle Hussein éleva des prétentions exorbitantes, une nouvelle entrevue fut fixée pour le surlendemain 2 août. Dans cette audience, la Bretonnière renouvela les propositions d'accommodement dont il était chargé, et déclara au dey qu'en cas de refus la France ferait respecter ses droits par la force des armes. « J'ai aussi de la poudre et des canons, » répond brusquement Hussein. « Nous ne pouvons nous entendre. Tu peux te retirer : le sauf-conduit qui a protégé ton arrivée protégera ton départ. »

Le lendemain 3 août, nos deux vaisseaux se disposèrent à quitter le port. Le brick l'*Alerte* prit les devants et sortit sans être inquiété. La *Provence* suivait la même route, pavillon blanc à la corne, pavillon parlementaire au mât de misaine, et s'apprêtait à sortir de la baie en longeant les formidables batteries qui protégeaient, du côté de la haute mer, l'entrée d'Alger. A ce moment, un signal part de la Kasbah : aussitôt les batteries de la ville et du môle font feu, en prenant la *Provence* pour point de mire.

Il n'y avait plus à douter : c'était un lâche guet-apens. Pendant plus d'une demi-heure, les boulets criblèrent le vaisseau. Quelques projectiles lui causèrent même de graves avaries. Par bonheur, aucun homme de l'équipage ne fut atteint. Si l'on avait perdu un mât, le vaisseau sombrait. Les matelots demandaient à grands cris le combat. La Bretonnière eut la sagesse de résister à leurs instances et défendit d'ouvrir le feu. Il eut raison, car, en ripostant, il aurait donné plus d'énergie aux Algériens, et la canonnade aurait peut-être abattu la faible brise dont il avait besoin pour s'éloigner des batteries : en effet, il réussit à conduire son navire hors de portée.

Hussein comprit que cette odieuse violation du droit des gens produirait en Europe et dans le monde civilisé une déplorable impression. Il essaya d'en atténuer l'effet, en prétendant qu'on avait outrepassé ses ordres, et, pour donner plus de poids à ses excuses, destitua le commandant du môle et fit donner la bastonnade aux artilleurs. C'était une mauvaise défaite, et personne ne s'y trompa. Quoi qu'il en soit, cette nouvelle insulte dépassait toute mesure.

Lorsque le gouvernement français dénonça cet acte à l'opinion publique, les journaux, à l'unanimité, et quelle que fût leur couleur, sommèrent le cabinet d'en tirer une éclatante vengeance. Le cabinet cherchait, depuis longtemps, à acquérir quelque popularité au moyen d'un grand succès militaire, et cet affront fait par le dey d'Alger offrait aux ministres une heureuse occasion de purger la mer des pirates barbaresques. Le roi, de son côté, devait favoriser une expédition qui relèverait le prestige de la couronne. Il n'hésita plus, et, le 7 février 1830, l'expédition fut résolue.

III.

PRISE D'ALGER.

Préparatifs de l'expédition. — Départ de la flotte. — Débarquement à Sidi-Ferruch. — Bataille de Staouëli. — Siège et capitulation d'Alger. — Départ de Hussein et des janissaires. — Le trésor de la Kasbah.

La nouvelle de l'expédition projetée contre Alger fut bien accueillie en France ; elle le fut également en Europe.

La Prusse et l'Autriche étaient sincèrement favorables à l'entreprise ; la Russie nous voyait avec plaisir prendre position sur les côtes d'Afrique, parce qu'elle espérait que de là notre marine pourrait tenir en échec celle de l'Angleterre. Les petits États d'Italie, la Sardaigne et Rome surtout, voyaient dans cette répression l'affranchissement de leur commerce. La Hollande n'avait pas oublié qu'en 1808 son consul avait été mis à la chaîne pour un léger retard dans le paiement du tribut annuel. Le Portugal et l'Espagne, bien que jaloux, ne témoignaient aucun mauvais vouloir. La Turquie laissait faire. Seule, l'Angleterre demandait des explications et formulait des plaintes. Son ambassadeur à Paris, Stuart Rothsay, se permit un essai d'intimidation. Notre ministre de la marine, Haussez, repoussa cette démarche avec une certaine véhémence, et le président du conseil, prince de Polignac, avec une politesse dédaigneuse. L'Angleterre en fut pour ses menaces. Trop heureux notre pays si ses chefs avaient ainsi conservé en toute circonstance le souci de la dignité nationale !

L'expédition était donc résolue en principe. Il ne restait plus qu'à s'entendre sur les moyens d'exécution. C'est alors que Polignac, esprit chimérique et trop porté à prendre pour des réalités les fantaisies de son imagination, s'avisa d'une combinaison diplomatique qui nous aurait coûté l'Algérie si elle n'avait avorté.

A tort ou à raison, il croyait à la prochaine dissolution de l'empire ottoman, et voulait réserver pour cette éventualité redoutable toutes les forces de la France. Il songea donc à lancer contre les Algériens notre grand ami, le pacha d'Égypte, Méhémet-Ali. La France se serait réservé des postes stratégiques sur la côte, et le pacha, reconnu lieutenant du roi en Afrique, aurait ainsi propagé l'influence française jusqu'aux confins de l'Asie. Des négociations s'ouvrirent secrètement à Alexandrie et elles aboutirent. Méhémet-Ali se prépara à entrer en campagne; mais l'Angleterre eut vent de l'expédition et en donna avis au sultan Mahmoud II, qui intima l'ordre à son vassal de renoncer à ses projets d'agression.

Si cette combinaison bizarre avait réussi, la France aurait travaillé à substituer une puissance égyptienne à une puissance algérienne, mais elle n'aurait rien gagné à cet échange. Aussi bien les collègues de Polignac, quand ils furent au courant de la négociation, la désapprouvèrent comme peu convenable à la dignité de la France. Il ne resta plus qu'à se battre.

Les préparatifs de l'expédition furent poussés avec vigueur. Nos ports militaires reçurent l'ordre d'armer les bâtiments disponibles, et on mit une telle ardeur à seconder les intentions du gouvernement qu'en trois mois, du 10 février au 14 mai, 104 navires de guerre furent réunis à Toulon, notamment 11 vaisseaux de ligne, 24 frégates, 14 corvettes, 23 bricks et 4 goélettes. De plus, 357 bâtiments de transport nolisés en France, en Italie et en Espagne, furent destinés à recevoir les soldats, les munitions et les approvisionnements qui ne trouveraient pas de

Fig. 20. — L'amiral Duperré.

place sur la flotte militaire. Dès la première heure, l'embarquement du corps expéditionnaire et le transport du matériel furent donc assurés.

Le plus difficile était de savoir à qui l'on confierait le commandement de cette flotte imposante. Peu de marins s'en souciaient. Quelques-uns d'entre eux, Jacob, Roussin, Verhuell, avaient même contesté jusqu'à la possibilité de l'expédition. On songea à de Rigny, que la victoire de Navarin avait mis en vue, mais il était mal en cour. On se décida alors pour un officier général qui passait pour un chaud libéral, et dont l'expérience et la résolution étaient incontestables : c'était l'amiral Duperré, que son mérite avait fait arriver de la position de simple matelot au grade d'officier général. Il hésitait à accepter cette lourde responsabilité, mais le roi trancha ses irrésolutions en le nommant.

Le choix du commandant en chef de l'expédition offrit tout autant de difficultés, bien que cette fois les candidats ne manquassent pas. On en compta jusqu'à neuf. Deux seuls étaient sérieux, le maréchal Marmont, duc de Raguse, et le lieutenant général Bourmont. Tous deux avaient des qualités incontestables, mais ils n'inspiraient aux troupes que peu de confiance ; le premier avait contre lui ce qu'on appelait sa trahison de Fontainebleau en 1814, et le second, sa fuite à l'ennemi, trois jours avant la bataille de Waterloo.

L'un et l'autre cherchaient à se réconcilier avec l'opinion de l'armée en attachant leur nom à une conquête sérieuse. Marmont n'épargna aucune démarche pour obtenir cette nomination. Il avait étudié avec soin les travaux et les documents publiés sur la régence algérienne, et invoquait, à l'appui de sa demande, sa participation à la campagne d'Égypte en 1798 et les services qu'il y avait rendus. Ces titres étaient sérieux ; mais son concurrent Bourmont, qui était alors ministre de la guerre, eut l'art de persuader à Charles X que rien ne serait plus utile que la réunion des deux titres de ministre de la guerre et de général en chef. D'ailleurs, il sut faire agir certaines influences occultes, d'autant plus puissantes qu'elles étaient ignorées, et il fut nommé. Reconnaissons qu'il se montra tout à fait digne de ces hautes fonctions.

A ces deux chefs principaux furent adjoints des lieutenants d'un mérite éprouvé.

Dans l'armée de terre, c'étaient Valazé, qui avait déjà dirigé plusieurs sièges mémorables, entre autres celui de Saragosse; Loverdo, un Ionien attaché à la fortune de la France et qui s'était particulièrement occupé de l'Afrique septentrionale; Berthezène, dont les états de service remontaient au siège de Toulon, et dans les grades inférieurs cinq futurs maréchaux de France, Baraguey d'Hilliers, Vaillant, Pelissier, Mac-Mahon, Magnan, et toute une légion de généraux, Chabaud la Tour, Duvivier, de Beaufort, la Moricière, Changarnier, etc. Dans l'armée navale, on citait Rosamel, célèbre par ses combats en Irlande et sur l'Adriatique, Mallet, Villaret-Joyeuse, Hugon, qui venait de se distinguer à Navarin sur l'*Armide,* et Cosmao-Dumanoir, un des héros de Trafalgar. Des régiments d'infanterie légère, au nombre de 16, devaient composer la force principale de l'armée. L'artillerie comptait 183 pièces de siège ou de campagne; la cavalerie était peu nombreuse, seulement 3 escadrons de chasseurs, car on ne savait si on trouverait en quantité suffisante du fourrage sur la côte d'Afrique. En tout, 37,639 hommes, 27,000 marins et 3,853 chevaux prenaient part à cette grande opération.

Les préparatifs furent poussés avec vigueur : la mer à franchir, des Turcs à combattre, des chrétiens à délivrer, c'en était assez pour enflammer l'imagination de nos jeunes soldats. Ils couraient à cette guerre comme autrefois leurs ancêtres à la croisade. Non seulement tous ceux qu'on rappela de congé revinrent avec empressement, mais encore un grand nombre de militaires, qui avaient atteint le terme de leurs services, contractèrent de nouveaux engagements. On vit même des sous-officiers renoncer à leurs galons pour passer dans les bataillons de guerre, et plusieurs officiers, entre autres la Moricière, sollicitèrent comme une faveur la permission de faire la guerre à leurs frais. L'empressement des populations fut égal à celui des soldats, surtout dans les départements du Midi, qui, plus exposés que les autres aux déprédations des Algériens, regardaient cette campagne comme une délivrance. Ils accueillirent le corps expéditionnaire avec grand plaisir, les uns poussés par la foi religieuse, les autres par l'espoir de réparer promptement les pertes qu'ils avaient essuyées.

Dès la fin d'avril, les troupes étaient réunies dans leurs cantonnements aux alentours de Toulon. On les exerçait à rectifier leur tir et à prendre des dispositions convenables contre la cavalerie. L'héritier présomptif de la couronne, le duc d'Angoulême, qui, en sa double qualité de généralissime et de grand amiral, aurait peut-être dû diriger lui-même cette brave armée, vint la passer en revue. Les régiments manœuvrèrent avec précision, et la flotte, de son côté, exécuta un simulacre de débarquement qui réussit au delà de toute espérance.

Ce formidable armement avait excité non pas les craintes, mais la jalousie de trois puissances voisines, l'Espagne, la Sardaigne et l'Angleterre. L'Espagne, qui avait jadis possédé Oran, aurait bien voulu jouer encore un rôle prépondérant sur la côte africaine. La Sardaigne, qui n'est séparée de la côte de Bône que par quelques heures de traversée, désirait un port ou deux sur cette même côte. Les deux cabinets de Madrid et de Turin proposèrent donc à la France de concourir à l'expédition. On répondit à ces ouvertures que le gouvernement entendait agir avec ses seules forces et demeurer maître de ses mouvements. Ferdinand VII, roi d'Espagne, fut blessé de ce refus, mais il n'osa pas insister. Quant au roi de Sardaigne, il songeait beaucoup plus à s'agrandir en Italie qu'en Afrique, et il se résigna à demeurer simple spectateur de nos futurs succès.

Restait l'Angleterre, et elle ne cachait pas son mécontentement.

Son ambassadeur à Paris, lord Stuart Rothsay, présenta à plusieurs reprises des notes aigres-douces auxquelles Polignac, et on ne saurait trop le féliciter de la correction de son attitude, se contenta d'opposer des fins de non-recevoir. L'ambassadeur finit par lui communiquer une note où le débarquement de nos troupes en Algérie était présenté comme une sorte de *casus belli*, et il demanda une réponse. « Répondez, » lui dit avec hauteur Polignac, « que vous m'avez présenté cette note et que je ne l'ai pas lue. » Forcé d'accepter cette fière réponse, ou de déclarer tout de suite une guerre à laquelle il n'était pas préparé, le cabinet anglais essaya alors d'empêcher l'expédition en intriguant auprès du sultan Mahmoud, suzerain de Hussein ; mais la flotte française avait déjà pris la mer quand ces intrigues aboutirent ; nous en verrons bientôt le résultat.

Les autres puissances européennes ne firent aucune objection ; elles demandèrent même, pour quelques-uns de leurs officiers, la faveur de prendre part à la campagne : Schwarzenberg et Poniatowski pour l'Autriche, Leclerc pour la Prusse, Filosof pour la Russie ; ces officiers se distinguèrent à plusieurs reprises par leur courage.

Le 10 mai 1830, la première division navale s'ébranla. Le 16, tout était terminé : troupes, matériel, bagages, étaient à bord. Chacun attendait avec impatience la journée du lendemain, qui devait être celle du départ. Le port offrait l'aspect d'une ville mouvante, et les canots qui circulaient dans tous les sens donnaient à ce magnifique panorama un mouvement extraordinaire ; mais les vents contraires se mirent à souffler, et il fallut attendre en rade qu'ils eussent cessé. Ce fut seulement dans l'après-midi du 25 que l'amiral Duperré put donner le signal du départ.

A l'instant les navires se couvrirent de voiles, et la proclamation suivante fut lue à tous les équipages : « Appelés avec vos frères d'armes du corps expéditionnaire à prendre part aux chances d'une entreprise que l'honneur et l'humanité commandent, vous devez aussi en partager la gloire. C'est de nos efforts communs et de notre parfaite union que le roi et la France attendent la réparation de l'insulte faite au pavillon français. Recueillons les souvenirs qu'en pareille circonstance nous ont légués nos pères ; imitons-les, et le succès est assuré. »

Toute la flotte suivit l'ordre naturel par colonnes, la *Provence* en tête. A trois heures, les bâtiments de guerre avaient franchi le goulet; à huit heures du soir, on ne voyait plus dans le lointain que les points blancs formés par les voiles. Dans la nuit du 27 au 28 mai, à la hauteur des Baléares, la flotte fut assaillie par une forte bourrasque. On la conduisit aussitôt sous le vent de ces îles, où elle trouva un abri. Le 28 au matin, le temps s'étant remis au beau, toute l'armée se dirigea sur Alger. Dès le 30, elle était en vue du cap Caxine, quand un nouveau coup de vent l'obligea à prendre le large.

Malgré l'avis contraire de plusieurs officiers de marine, Duperré donna l'ordre de ramener cette masse de navires sous le vent des Baléares, et il fit bien. On a blâmé cette manœuvre, mais il fallait tenir compte des sinistres prévisions qui avaient précédé le départ de l'expédition, et on reconnaîtra que l'amiral avait raison d'exagérer la prudence. D'ailleurs, Bourmont l'approuva de tout point, et Bourmont était son supérieur immédiat. En effet, pour vaincre toute opposition et prévenir tout conflit, Bourmont avait reçu avant son départ, un ordre secret qui lui déférait, en cas de dissentiment, le commandement suprême des forces de terre et de mer : il n'eut pas à en faire

Fig. 21. — Panorama de la ville d'Alger et de la rade.

usage. Duperré justifia la confiance que le roi lui avait témoignée, et la bonne harmonie ne fut jamais troublée entre le général et lui.

La flotte revint donc au mouillage des Baléares et y resta onze jours. Le 10 juin, elle se remit en marche. Le 13, au lever du soleil, elle ne se trouvait plus qu'à deux lieues d'Alger. Nos soldats aperçurent alors cette ville avec ses maisons éclatantes de blancheur, rangées en amphithéâtre sur le bord de la mer. Au sommet était la Kasbah ; plus au sud, les bastions ; puis, une chaîne de collines élevées, et, à l'extrême horizon, les cimes bleuâtres de l'Atlas.

Vers midi, 300 voiles étaient réunies sur la rade. La *Provence*, naguère insultée par les batteries algériennes, était là, en tête du convoi, et semblait annoncer au dey son prochain châtiment. L'armée, en grande tenue, était sur le pont des vaisseaux, contemplant le magnifique spectacle qui se déroulait à ses yeux, et témoignant par ses cris joyeux le vif désir qu'elle avait de se mesurer avec l'ennemi.

Hussein avait de l'énergie et de l'intelligence. Peut-être n'aurait-il pas laissé s'amasser contre lui ce formidable orage, s'il avait moins compté sur la longanimité française. Dès qu'il eut compris que la guerre était inévitable, il s'y prépara avec une sombre ardeur, soutenu qu'il était par le fanatisme de ses sujets et l'exaltation de ses soldats. Après tout, Alger avait essuyé déjà bien des sièges et les avait toujours victorieusement repoussés ; Alger, cette fois encore, aurait sans doute l'heureuse chance de triompher des infidèles.

Au premier bruit de l'expédition projetée, tous les Turcs de l'Odjeac avaient rejoint leur poste de combat. C'était une milice dévouée, énergique, résolue à défendre vaillamment la ville menacée. De nombreux indigènes s'étaient joints à ces Turcs. On pouvait encore compter, au premier échec des Français, sur les tribus pillardes et guerrières du littoral ou de l'intérieur, qui se joindraient aux troupes régulières.

Hussein s'adressa également aux chefs qui relevaient de son pachalik.

Hassan, bey d'Oran, lui était dévoué ; mais vieux et cassé par l'âge, il ne pouvait se mettre lui-même à la tête d'une armée : il promit néanmoins d'envoyer des secours. Ahmed, bey de Constantine, et Moustapha, bey de Tittery, nourrissaient depuis longtemps contre Hussein des projets de révolte, et ce dernier, qui connaissait leurs secrets desseins, se proposait de les destituer ; mais un danger commun les rapprochait tous les trois. Il fallait réunir ses forces contre l'ennemi commun de la régence et de l'islam. Hussein renonça pour le moment à sa vengeance, Ahmed et Moustapha à leurs desseins séditieux ; ils lui promirent même d'arriver avec tous leurs contingents. Le dey pouvait compter sur eux.

Hussein essaya même d'intéresser ses voisins à sa cause, et écrivit au chérif du Maroc et aux beys de Tunis et de Tripoli, en les priant de l'aider à repousser les infidèles. En sa qualité de commandeur des croyants, et surtout de voisin immédiat d'Alger, le chérif était directement intéressé à la défaite des Français ; mais il ne croyait pas que nos troupes, même victorieuses, se maintiendraient sur le sol africain, et préféra ne pas sortir de la neutralité.

Le bey de Tunis se contenta d'envoyer à Hussein des protestations de dévouement, et lui promit de prier pour la bonne cause. Le bey de Tripoli lui répondit qu'un saint derviche avait prédit la défaite des Français ; en conséquence, il était inutile d'entrer en campagne, et il ajoutait : « D'ailleurs que craindriez-vous ? N'êtes-vous pas de ceux que Dieu a distingués des autres par les avantages qu'il leur a accordés ? Vos légions sont nombreuses, etc. Quant à nous, nous ne sommes pas assez puissant pour vous envoyer des secours ; nous ne pouvons vous aider que par de bonnes prières que nous et nos sujets adresserons pour vous à Dieu dans les mosquées. »

Hussein, qui aurait préféré des secours moins platoniques, dut se contenter de ces promesses et de ces vœux. Grâce à la connivence de l'Angleterre, il espéra mieux réussir auprès de son suzerain, le sultan, et, en effet, la Turquie fut à la veille de se déclarer en sa faveur, ou du moins en faveur de la régence. Le gouvernement britannique, qui n'avait pu empêcher l'expédition française, s'était du moins efforcé de la contrarier, et avait fait savoir à Constantinople qu'il appuierait le sultan si ce dernier intervenait à Alger. Mahmoud y avait consenti. Usant de son droit réel ou prétendu de suzeraineté, il envoya à Alger un pacha chargé de saisir le dey, de le faire étrangler, et d'offrir ensuite à la France toutes les satisfactions désirables. La manœuvre était habile : Hussein disparaissant, tout prétexte était enlevé à l'expédition française, et la jalousie anglaise triomphait.

L'envoyé de Mahmoud, Tahir-Pacha, partit donc pour Alger sur une frégate fournie par les Anglais. Le ministre de la guerre, prévenu à temps, ordonna à la croisière française d'interdire l'entrée du port à toute espèce de navire. En effet, quand la frégate se présenta, on lui défendit de passer. Tahir n'osa pas enfreindre cet ordre énergique, et manifesta le désir d'être conduit à Toulon, avec l'espoir que Charles X accepterait la médiation de son souverain. Il était déjà trop tard : la flotte avait pris la mer. Ce fut au large des Baléares qu'elle rencontra la frégate turque et lui intima l'ordre d'arrêter. Tahir fut reçu à bord de la *Provence* avec les plus grands honneurs. L'aspect imposant de notre escadre le frappa vivement ; mais il était inquiet ; il regarda à plusieurs reprises si son navire n'avait pas quitté sa position ; on eût dit qu'il redoutait une arrestation. Après cette courte entrevue, on lui permit de continuer sa route vers Toulon et d'y attendre l'issue de l'événement. C'est à ce piteux résultat qu'aboutirent les intrigues anglaises.

Hussein était donc réduit à ses propres forces et à celles de ses vassaux immédiats, les beys d'Oran, de Constantine et de Tittery. Ses voisins l'abandonnaient; son suzerain, le sultan, le sacrifiait pour sauver Alger. La situation se compliquait étrangement pour lui; mais il avait du courage et de la résolution. « Dieu seul est grand et Mahomet est son prophète, » disait-il avec le fanatisme et la résignation musulmane. Il ajoutait volontiers, dans son opiniâtre ignorance : « Abd-el-Rhasnan et Tsaabbi (vents du nord et de l'est) sauveront, comme ils l'ont fait tant de fois, Alger la bien gardée. »

Pendant ce temps, nos vaisseaux défilaient majestueusement devant la ville, comme pour donner à Hussein le temps de les compter. Persuadés que notre escadre allait attaquer par mer, tous les Algériens étaient à leur poste de combat; mais leur attente fut déçue. L'amiral Duperré avait pris la résolution de débarquer à cinq lieues à l'ouest d'Alger, sur la presqu'île de Sidi-Ferruch, entre deux baies profondes, favorables au mouillage de la flotte. Dès 1808, cette presqu'île avait été signalée par le capitaine Boutin, chargé par Napoléon Ier d'explorer le littoral de l'Algérie pour y tenter un débarquement. Ses indications furent suivies non seulement pour le lieu du débarquement, mais aussi pour la marche sur Alger et même pour la composition du corps expéditionnaire.

Sidi-Ferruch tire son nom d'un *marabout*, c'est-à-dire d'un saint algérien dont on vénère en cet endroit le tombeau. Les Algériens lui attribuaient une puissance sans bornes pour retenir ou pour conjurer la tempête; celles de leurs femmes qui désiraient des enfants s'y rendaient volontiers en pèlerinage. Les dépouilles du saint reposaient dans une grande salle octogone, richement décorée de bannières et de pièces de soie. La châsse qui renfermait ses restes était incrustée de bois précieux et recouverte par des amulettes ou des ex-voto.

Ce tombeau est bâti sur un promontoire qui s'avance de 1,100 mètres environ dans la mer, comme un môle au milieu d'un port, et n'est relié au continent que par une langue de terre basse, sablonneuse, couverte de lentisques, d'arbousiers et de plantes grimpantes, longue environ de 500 mètres.

Au moyen d'un retranchement, il était facile d'isoler cette presqu'île et d'en faire un camp retranché à peu près inexpugnable. L'extrémité du promontoire se termine par un banc de rochers, surmontés d'une tour blanche, qu'on nommait Torre Chica. Deux baies s'étendent de chaque côté, l'une à l'est, l'autre à l'ouest. Comme le vent soufflait de l'est, l'amiral Duperré pensa que c'était dans la baie occidentale qu'il fallait débarquer. Un débarquement est toujours une opération difficile. D'ailleurs, on s'attendait à de la résistance : Sidi-Ferruch était défendu par une batterie ; Torre Chica pouvait servir de réduit.

Il était, de plus, probable que les Algériens se présenteraient en masse pour essayer de nous jeter à la mer. Tel était leur aveuglement, ou leur présomption, qu'il n'y eut, pour ainsi dire, pas de résistance. A Torre Chica, les canons étaient grossièrement figurés par des troncs de bois ; à Sidi-Ferruch, la batterie basse n'était même pas armée. L'amiral fit vivement accoster la plage ; elle était à peine garnie par quelques centaines d'Arabes, venus en curieux plutôt qu'en ennemis. Ce furent les seuls adversaires que nous aperçûmes, et encore ne répondirent-ils que par quelques coups de fusil aux décharges de notre artillerie. Duperré aurait voulu commencer tout de suite le débarquement ; mais la nuit arrivait. Il remit l'opération au lendemain.

Le 14 juin, à la pointe du jour, les navires s'approchent du rivage. A un signal donné, toutes les embarca-

Fig. 22. — Débarquement des troupes expéditionnaires à Sidi-Ferruch. (Tableau de Gudin.)

tions sont mises à l'eau ; elles s'avancent vers la plage, et bientôt les trois brigades de la division Berthezène débarquent. Quelques matelots courent à Torre Chica et y arborent le drapeau blanc. Dès cinq heures du matin, cinq régiments étaient rangés en bataille sur la presqu'île, et une batterie de campagne répondait au feu des redoutes établies sur les hauteurs voisines et à la fusillade des nombreux Arabes embusqués dans les broussailles. Bourmont débarquait, à son tour, avec la division Loverdo, et ordonnait à Berthezène d'enlever les redoutes ennemies, pendant que Loverdo débusquerait les indigènes des broussailles où ils se cachaient.

Ce double mouvement s'opéra avec ensemble. Pendant ce temps, la 3e division, celle du duc des Cars, débarquait à son tour, ainsi qu'une partie de l'artillerie et des munitions. Aussitôt le génie, sous la direction du général Valazé, traçait une ligne de retranchements, destinés à fermer la presqu'île du côté de la campagne, et à la convertir en position assez forte pour devenir le dépôt général de l'armée.

« Tels furent l'ordre, l'intelligence et la rapidité déployés dans cette difficile opération, que dès midi les 8 brigades d'infanterie et l'artillerie de campagne du corps expéditionnaire se trouvaient déposées sur la presqu'île, et que les troupes de toutes armes s'y établissaient sous des tentes ou des baraques couvertes de branchages, alignées au cordeau, et dont les différentes divisions, pourvues de boutiques et de guinguettes, semblaient, au bout de quelques heures, autant de petites villes pleines de vie et de mouvement. » Bourmont installa son quartier général dans la mosquée de Sidi-Ferruch, et fit construire un télégraphe sur Torre Chica, afin de correspondre avec la flotte.

Nos soldats avaient devant eux une succession de terrasses qui, s'élevant par couches parallèles, étaient recouvertes, sur les premiers plans, de broussailles et d'arbustes, et, à mesure qu'on s'éloignait des bords de la mer, d'une végétation plus vigoureuse. Chaque pli de terrain cachait des nuées d'Arabes qui entretenaient contre nos troupes un feu meurtrier. Enhardies par notre apparente immobilité, ces bandes s'approchaient de temps à autre et essayaient avec nos avant-postes des combats singuliers, où elles avaient rarement l'avantage, mais qui néanmoins fatiguaient nos soldats.

Les journées du 15 et du 16 ne furent signalées que par ces légères escarmouches.

Le débarquement continuait, et les travaux de fortification étaient poussés avec vigueur. Dans la matinée du 16, ils furent interrompus par un effroyable orage; la flotte eut même à essuyer un coup de vent terrible. Déjà s'élevaient dans les esprits de sinistres appréhensions. « C'est l'orage de Charles-Quint, » s'écriait-on déjà en songeant à l'orage qui détruisit la flotte espagnole en 1541. Il est certain que, si la tempête avait duré quelques heures de plus, la flotte était dispersée, et l'armée abandonnée sans vivres, sans chevaux et presque sans artillerie. Par bonheur, le vent sauta à l'est; la mer se calma, et les alarmes s'évanouirent.

Les Algériens, de leur côté, n'étaient pas restés inactifs. Hussein avait confié le commandement de ses troupes, évaluées à 40,000 ou 50,000 hommes, à son gendre, l'aga Ibrahim. C'était un soldat brave, mais incapable, d'une ignorance si puérile, qu'il n'avait fait distribuer à ses hommes qu'un nombre insuffisant de cartouches, parce qu'il croyait que chaque coup de fusil devait tuer ou blesser un Français.

Bien que nos journaux, abusant de la publicité, n'eussent cessé, depuis plusieurs semaines, de désigner Sidi-Ferruch comme le point choisi pour le débarquement. Ibrahim n'avait vu dans ces coupables indiscrétions qu'une ruse de guerre. C'est à l'est d'Alger, à la Maison-Carrée, qu'il avait concentré ses forces. Il fallut enfin se rendre à l'évidence, et transporter l'armée sur les hauteurs de Sidi-Ferruch et Staouëli. Il y avait peu de troupes régulières parmi les Algériens. C'étaient surtout des cavaliers volontaires, qui étaient accourus à l'appel du dey avec l'espoir de faire du butin. Ils ne formaient pas, à vrai dire, de corps de cavalerie : c'étaient plutôt des tirailleurs à cheval. Ils s'avançaient au galop, lâchaient leur coup de fusil, faisaient demi-tour et rejoignaient les leurs. Grâce à leur nombre et à la fougue de leurs attaques, ils pouvaient être dangereux. Lorsque Ibrahim les eut concentrés à Staouëli, il se décida à prendre l'offensive. Trompé par notre inaction, qu'il n'expliquait que par l'hésitation ou la lâcheté, tandis qu'elle avait pour cause unique la nécessité d'attendre le débarquement de la grosse artillerie, des voitures et des chevaux, l'aga se persuada qu'il n'avait qu'à marcher en avant pour nous jeter à la mer.

Dès la journée du 17, les Algériens avaient montré plus d'audace. Dans celle du 18, leur feu se rapprocha et devint plus meurtrier. Nos soldats, fatigués et exaspérés par ces insultes, demandaient à sortir de leurs retranchements. Bourmont n'hésita plus, et donna ses ordres pour marcher à l'ennemi le lendemain 19 juin.

La position d'Ibrahim était excellente : son camp affectait la forme d'un croissant dont la droite était appuyée sur le torrent de la Madiffa. En avant du plateau de Staouëli, les Algériens avaient construit une redoute, occupée par un gros détachement, et sur les ondulations de terrain qui précédaient cette redoute ils avaient disposé des milliers de tirailleurs chargés d'inquiéter nos avant-postes. Ibrahim aurait dû attendre nos soldats dans cette position. La défensive lui conve-

Fig. 23. — Bataille de Staouëli. (Tableau de Ch. Langlois.)

nait admirablement; mais, dans son naïf orgueil, il s'imagina qu'il n'avait qu'à marcher en avant pour écraser sous les pieds de ses chevaux ces fantassins que n'appuyait aucun détachement de cavalerie.

Une première colonne, forte de 20,000 hommes environ, et dont il s'était réservé le commandement, se précipita sur la division Berthezène. Une seconde colonne, de 15,000 hommes, commandée par Ahmed, bey de Constantine, essaya de tourner sur notre droite la division Loverdo, afin de prendre l'armée entre deux feux. Ce plan était bien conçu, mais il aurait fallu, pour qu'il réussît, des chefs plus habiles qu'Ibrahim ou Ahmed. Après quelques minutes de fusillade, les cavaliers arabes fondirent avec audace sur nos retranchements. Quelques-uns d'entre eux parvinrent à y opérer des trouées; on se battit corps à corps, et bientôt le terrain se couvrit de morts. Le premier bataillon du 28e de ligne fut un instant compromis. Les soldats avaient épuisé leurs cartouches, et étaient trop serrés dans la mêlée pour pouvoir faire usage de leurs baïonnettes; mais le colonel les rallia autour du drapeau. D'ailleurs, Bourmont accourait avec la division des Cars, laissée en réserve, et aussitôt la fortune de la bataille changeait de face.

Bourmont, en effet, dès qu'il vit par lui-même l'ardeur de nos troupes et le décousu des attaques algériennes, prit une résolution hardie, et ordonna à ses trois divisions de pousser en avant jusqu'au plateau de Staouëli. Nos soldats attendaient ce signal avec impatience. Ils s'engagent aussitôt, de trois côtés à la fois, et arrivent au pied du plateau. La redoute qui le défendait est emportée, les batteries sont occupées, le camp lui-même envahi. Déconcertés par cette furie, les Algériens tourbillonnent sur eux-mêmes, reculent, sont chassés successivement de toutes les positions où ils essayent de se maintenir, et prennent enfin la fuite. Ils ne s'arrêtèrent que sous les murs d'Alger. On a prétendu que, si nos troupes avaient suivi leur élan, elles seraient entrées dans la ville pêle-mêle avec les fuyards.

La victoire de Staouëli avait une importance capitale : non seulement elle nous confirmait dans la possession de la presqu'île de Sidi-Ferruch, et nous permettait de continuer à notre aise le débarquement, mais encore elle désorganisait la défense et terrifiait les indigènes. Ibrahim, le matin même de la bataille, promettait à tous la victoire. Il s'était couvert de ses plus riches habits, il avait même fait préparer à l'avance, dans son camp, un repas magnifique pour fêter les vainqueurs : ce furent, en effet, les vainqueurs qui en profitèrent. Les divisions Berthezène et Loverdo s'établirent sur l'emplacement même du camp d'Ibrahim et occupèrent les tentes de ses soldats. Quelques-unes de ces tentes étaient d'une richesse extraordinaire ; celle d'Ibrahim, divisée en plusieurs compartiments, tendue de velours cramoisi, parfumée d'essence de rose et de jasmin, brillait d'un luxe tout oriental ; la tente d'Ahmed était également splendide.

La prise du camp présenta d'autres avantages encore plus sérieux. Depuis plusieurs semaines, nos soldats ne mangeaient que de la chair salée. Les approvisionnements de toute espèce qu'ils trouvèrent à Staouëli leur procurèrent une agréable et salutaire diversion. La prise de plusieurs chameaux les remplit d'allégresse, car ces quadrupèdes, depuis l'entrée en campagne, étaient l'objet d'intarissables plaisanteries; mais, habitués à être traités avec douceur, ces pauvres animaux s'accroupissaient et se laissaient rouer de coups. On fut bientôt obligé de les abandonner.

Les courtisans de l'état-major croyaient déjà la campagne finie. A les entendre, il suffisait de se présenter devant Alger pour que cette ville nous ouvrît immédiatement ses portes. C'étaient là de puériles exagérations.

La victoire de Staouëli assurait, il est vrai, le succès final, mais Alger tenait encore, et Bourmont eut grandement raison de résister à son entourage et de se maintenir dans ses positions jusqu'à ce qu'il eût achevé le débarquement. La cavalerie était encore à bord de l'escadre, et le convoi chargé de l'artillerie de siège n'était même pas signalé. Mieux valait attendre et n'avancer qu'à coup sûr. Les divisions Loverdo et Berthezène restèrent donc campées à Staouëli, la division des Cars fut échelonnée entre Staouëli et Sidi-Ferruch. Ce dernier point fut transformé en dépôt général des vivres, des munitions et de l'ambulance; on lui donna une garnison de 1,500 matelots, fournis par l'escadre.

Pendant ce temps, les rues d'Alger s'emplissaient de tumulte : on venait d'apprendre la défaite. La multitude indignée demandait déjà la déposition et la mort d'Hussein, qu'elle rendait, d'ailleurs, très à tort, responsable du désastre. Ce dernier, enfermé dans la Kasbah, n'avait rien à redouter des fureurs populaires. Il ne voulut recevoir qu'Ibrahim, et l'accabla d'injures. Sans l'intervention de sa fille, il l'aurait fait décapiter sur-le-champ.

Quand il connut mieux les détails de l'affaire, et sut qu'Ibrahim n'avait été coupable que de vantardise et nullement de lâcheté, il lui rendit en partie sa confiance et le chargea de rallier les fuyards. L'aga reprit, en effet, le commandement, et concentra de nouveau des forces imposantes sous les murs d'Alger; bientôt même il se disposa à reprendre l'offensive, car les Algériens ne pouvaient comprendre que Bourmont, malgré sa victoire, restât dans ses positions. Ils croyaient naïvement que nos pertes avaient été si grandes, que nous attendions des renforts pour rentrer en campagne.

En réalité, le général n'attendait que ses pièces de siège, qui arrivèrent seulement le 24 juin. Les Algériens, encouragés par ces retards, pour eux inexplicables, se rapprochèrent, et la guerre de surprises recommença. Nous avions rarement l'avantage dans ces petits combats, qui fatiguaient et décimaient les troupes, car tous ceux de

Fig. 24. — Le maréchal Bourmont.

nos hommes qui avaient l'imprudence de s'écarter de la ligne des retranchements étaient assassinés et décapités. Au milieu de ces engagements sans importance, s'accomplirent quelques scènes empreintes d'une sorte de couleur locale, utile à signaler dès nos premiers pas en Algérie.

Le bruit s'était répandu parmi les Arabes que nous égorgions nos prisonniers, et que nos soldats se repaissaient de leurs chairs palpitantes. Un cheik, dont le fils avait été blessé et amené dans le camp de Sidi-Ferruch, se présente aux avant-postes et demande à voir son enfant ; il croyait aller au-devant de la mort. Amené en présence de Bourmont, il se jette à ses genoux et lui demande la grâce de son fils. Le général se fit expliquer sa demande par les interprètes, et ordonna aussitôt de le conduire aux ambulances. Le jeune homme était sur le point de subir l'amputation. Après les premiers moments d'effusion, et quand il eut reconnu la gravité de la blessure, le cheik, par scrupule religieux, défendit à son fils de permettre l'opération. On respecta sa volonté, mais quelques jours plus tard le jeune homme expiait, par d'horribles souffrances, l'ignorance et le fanatisme paternels.

Le lendemain, un autre cheik se présente : il paraissait épuisé de fatigue. On s'empresse de le réconforter, et, sur sa demande expresse, on le conduit à Bourmont. « Bien que vêtu de haillons, » dit-il, « je suis chef de tribu, et j'ai voulu voir par moi-même quels étaient tes sentiments à l'égard des Turcs et des Arabes. » Le général l'assura qu'il ne cherchait qu'à délivrer les Arabes du joug des Turcs. « J'en suis fort aise, » répondit le cheik, « et, puisqu'il en est ainsi, ma tribu traitera bientôt avec vous, mais il faut me laisser partir, car je ne suis pas votre prisonnier. » On sut plus tard que, conduit à Alger, cet infortuné avait payé de sa tête son imprudente démarche.

Grande ignorance de la part des Arabes, férocité et fanatisme de la part des Turcs, telles étaient donc les dispositions de nos ennemis. Notre calme apparent surexcita leurs espérances, et comme le vaincu de Staouëli avait une revanche à prendre, et sa grâce à mériter, il résolut de nous attaquer dans nos nouvelles positions.

Bourmont lui épargna la moitié du chemin. Le convoi de grosse artillerie, attendu avec tant d'impatience, venait d'être signalé (23 juin). Le général donna aussitôt l'ordre de continuer la marche dans la direction d'Alger. Dès le 24 juin, nos soldats rencontraient des masses considérables sur les hauteurs du mont Boudjaréah, non loin du marabout de Sidi-Kalef. Le terrain était difficile : il couvrait les approches d'Alger. Il fallait à tout prix en débusquer l'ennemi. Quelques obus habilement dirigés dispersèrent les Algériens, et nos soldats couronnèrent bientôt les hauteurs de Sidi-Kalef.

Dans cette brillante opération, un officier d'avenir, Amédée de Bourmont, fut grièvement blessé. Le général apprit ce malheur à la France dans les termes les plus nobles : « Un seul officier a été dangereusement blessé : c'est le second des quatre fils qui m'ont suivi en Afrique. J'ai l'espoir qu'il vivra pour servir avec dévouement le roi et la patrie. » Cet espoir ne se réalisa pas. Quelques jours après, mourut le lieutenant de Bourmont.

Le général en chef, toujours prudent, ne voulut poursuivre son succès qu'après avoir assuré ses communications. Sidi-Ferruch fut transformé en forteresse. On mit cette presqu'île en état de résister à toutes les forces de la régence; en cas d'échec, c'était un asile assuré. Une route fut tracée de Sidi-Ferruch à Staouëli, prolongée jusqu'à Sidi-Kalef, et défendue par huit redoutes. On avançait lentement, mais sûrement. Chaque pas en avant nous rapprochait d'Alger. Aussi bien il n'était que temps de commencer le siège. Les escarmouches des Algériens étaient meurtrières. Ils avaient deviné la seule tactique qui convînt au terrain et aux circonstances. Ils ne négligeaient aucune occasion de massacrer les hommes isolés, ou d'attaquer les convois mal escortés.

Quelques-unes de ces rencontres furent désastreuses. Un bataillon du 4e léger, surpris au moment où il nettoyait ses fusils, perdit en quelques minutes près de 80 de ses hommes. Dans la seule journée du 27, l'armée eut 23 tués et 128 blessés. Depuis l'ouverture de la campagne, 1,700 hommes étaient déjà hors de combat. Le général en chef crut nécessaire d'appeler la 4e division de l'armée, en réserve à Toulon. L'ordre fut donné, mais les succès ultérieurs de l'expédition rendirent cette précaution inutile.

Le 28 juin au soir, tous les préparatifs étant à peu près terminés, l'armée reçut avec joie l'ordre de reprendre son mouvement offensif. Elle était en marche le lendemain dès la pointe du jour, Loverdo à gauche, des Cars à droite, Berthezène au centre. Les trois divisions opérèrent de concert leur mouvement et arrivèrent sur le sommet des collines qui dominent Alger. La principale difficulté avait été la marche sur un terrain presque inconnu, coupé de pentes abruptes et couvert de haies d'aloès presque infranchissables. Obligés de s'avancer sans guides et sans cartes stratégiques, nos soldats s'égarèrent à plusieurs reprises. Quelques-uns d'entre eux firent plusieurs fois la même route. Le mirage produit par les vapeurs de la Metidja avait fait supposer à plusieurs chefs qu'ils se trouvaient en face de la mer, et que par conséquent ils suivaient une route contraire à celle qu'ils devaient suivre. Quelques régiments confondirent leurs rangs. Il fallut, comme après une mêlée, que le rappel fût battu pour rallier les détachements. La chaleur excessive et le manque d'eau augmentaient encore la fatigue. Certes, dans cette journée de désordre et d'imprudences, si Hussein avait fait garder les principaux passages et essayé un simulacre de résistance, c'en était fait de notre armée : elle eût été non pas anéantie, mais peut-être forcée à rendre les armes sans avoir combattu.

Enfin l'ordre se rétablit, et nos soldats couronnèrent le sommet du mont Boudjaréah. Ils virent se déployer devant eux tout le revers d'Alger, et, à l'horizon, notre escadre qui s'avançait pour combiner une double attaque contre la ville. Ce spectacle grandiose excita leur enthousiasme. D'un mouvement unanime et spontané, ils saluèrent de cris mille fois répétés leur future conquête. Les forts d'Alger répondirent à ces cris de joie en tirant le canon d'alarme.

Fig. 25. — Attaque d'Alger par mer (3 juillet 1830).

Alger est bâti en amphithéâtre sur le penchant d'une colline assez élevée. Il forme un triangle dont un des côtés est appuyé à la mer. Sur les fronts nord-ouest et sud-ouest, tournés vers le continent, l'enceinte consistait en une muraille sans bastions, mais avec tours et créneaux. Il n'y avait d'artillerie que sur un petit nombre de points, et les remparts n'étaient pas assez larges pour qu'on pût songer à en établir.

Du côté de la mer, l'enceinte n'était presque partout

qu'un simple mur. Le port était fermé par un môle qui joignait au continent quelques îlots. Ce môle était couvert de batteries, disposées sur plusieurs étages. Alger avait cinq portes : deux ouvertes sur le front de mer, une à l'ouest, Bab-Azoun, deux à l'est, Bab-el-Oued et la porte Neuve. En résumé, sauf du côté de la mer, ces fortifications n'étaient ni imposantes ni susceptibles d'une longue défense.

Outre cette enceinte, on comptait plusieurs forts détachés : le premier, à l'angle formé par les deux fronts de terre, était la Kasbah ou citadelle proprement dite. Les forts Bab-Azoun et Neuf couvraient les portes Bab-Azoun et Bab-el-Oued. A 2 ou 300 mètres de celui-ci, était le fort des Vingt-quatre heures, et à 1,500 mètres plus loin, le fort des Anglais. Ces forts étaient hérissés de canons, car les Orientaux s'imaginent volontiers qu'une position est inexpugnable quand ils y ont entassé sans discernement des bouches à feu. La clef de la position était le château de l'Empereur (Sultanieh Kalassi), ainsi nommé parce qu'il avait été bâti à l'endroit même où Charles-Quint avait son quartier général, lors du siège de 1541. C'était un carré allongé du sud au nord, en maçonnerie, ainsi que toutes les fortifications d'Alger. Les murs étaient flanqués de petites saillies en forme de bastions ; à l'intérieur, se dressait une grosse tour ronde servant de réduit.

Une enceinte continue, six forts détachés, un port fermé et bien abrité, telles étaient donc les défenses d'Alger. C'est du côté de la mer que les Algériens avaient accumulé leurs moyens de défense. Ils ne soupçonnaient même pas que l'ennemi pût les attaquer par terre ; c'est ce qui explique pourquoi le château de l'Empereur tira le canon d'alarme, dès qu'il vit nos soldats couronner les cimes du Boudjaréah. Bien qu'on fût persuadé à Alger que ce château ne serait jamais pris que lorsque nos soldats auraient construit une citadelle de force supérieure, il y eut néanmoins comme une panique dans la ville assiégée. Les imans furent invités à distribuer leurs encouragements, afin de relever le moral abattu. Un des favoris d'Hussein, son ministre des finances ou kasnadjar, se chargea de la défense du château, et, sous ses ordres, 800 artilleurs choisis parmi les plus habiles, et 1,500 janissaires s'y enfermèrent, jurant de s'ensevelir sous ses ruines avant de le rendre.

Sauf en 1541, toutes les attaques avaient été dirigées par mer, et les Algériens avaient de ce côté tellement multiplié les moyens de défense, qu'ils se croyaient à peu près invincibles. Aussi leur étonnement fut-il grand et leur surprise désagréable quand ils s'aperçurent que non seulement la flotte française s'apprêtait à les bombarder, comme au temps de du Quesne ou d'Estrées, mais encore que le gros de nos forces s'avançait par le continent. Pris entre deux feux, obligés de soutenir une double attaque, cette tactique les déconcertait. C'était déjà pour nous un premier succès.

La véritable défense d'Alger était sa banlieue. Un inextricable réseau de chemins sinueux faisait, en effet, de la campagne qui environnait la ville un véritable labyrinthe. Dans ces étroits défilés, mainte et mainte fois les Espagnols et les autres ennemis de la régence avaient été assaillis et battus. Tous ces sentiers conduisaient à des milliers de petites habitations, dont l'éclatante blancheur contrastait avec la végétation qui les entourait. Si, par malheur, nos soldats s'étaient aventurés dans ces fourrés, ils étaient perdus; mais le siège était bien conduit : la suite des événements le prouva.

Après avoir visité les différentes positions et reconnu un plateau que le capitaine Boutin, dès 1808, avait désigné comme l'emplacement le plus favorable pour l'ouverture de la tranchée, Bourmont établit son quartier général à 2,000 mètres du fort l'Empereur. Telle est l'insouciance orientale que les Turcs n'avaient pas défendu les approches de cette citadelle, et qu'on pouvait immédiatement commencer l'opération qui, d'habitude, termine les sièges, l'établissement des batteries de brèche. Malgré la fatigue de la journée, nos soldats prirent la pelle et la pioche, et, dès la nuit du 29 au 30, 1,000 mètres de tranchée furent ouverts. A partir de ce moment, les travaux continuèrent sans relâche, malgré les attaques tentées journellement par l'ennemi et la multiplicité de ses feux.

Pendant que s'organisaient les batteries de brèche, et que les pièces de siège étaient, les unes après les autres, mises en position, nos soldats se rapprochaient peu à peu de la ville. Comme la division Berthezène avait toujours combattu en première ligne, et que ses pertes étaient considérables, on la ramena en arrière, avec mission de couvrir l'armée de siège, d'escorter les convois et d'occuper, à partir de Sidi-Ferruch et de Staouëli, les postes et les redoutes destinés à nous protéger. Les divisions des Cars et Loverdo aidèrent aux travaux d'investissement et d'attaque.

Le terrain, aux environs d'Alger, est composé de matières rocheuses que la pioche entame à grand'peine ; le roc se montrait souvent à nu, et, pour former les épaulements, il fallait recourir aux sacs à terre. Le dévouement de nos soldats triompha de tous les obstacles, mais leurs pertes furent cruelles. Les canons incessamment braqués sur nos ouvrages faisaient un feu roulant qui détruisait les parapets, et les Algériens, avec leurs longs fusils, prenaient à revers les boyaux des tranchées et y décimaient les travailleurs. D'ordinaire, le feu cessait après le coucher du soleil. Nos ennemis dérogèrent pourtant à cet usage dans la nuit du 3 au 4 juillet et essayèrent une sortie générale. Assaillis à l'improviste, les assiégeants durent se défendre avec leurs instruments de travail. La prompte arrivée de renforts dégagea la tranchée et refoula les assaillants.

La marine n'était pas restée inactive.

Le 1er juillet, l'amiral Rosamel défila devant les forts de la rade, et, reconnaissant qu'ils étaient dépourvus de canonniers, ouvrit contre eux un feu destructeur. Deux jours plus tard, le 3 juillet, l'amiral Duperré renouvela la même manœuvre et obtint des résultats plus satisfaisants encore, puisqu'il réussit à s'emparer de trois batteries armées de 33 canons. Néanmoins, ce n'étaient là que des diversions; tout l'intérêt se concentrait sur les opérations du siège proprement dit. Hussein le comprenait si bien qu'il avait envoyé au fort l'Empereur l'élite de ses soldats, et ne cessait de leur prodiguer ses encouragements.

Le 4 juillet fut un grand jour pour l'armée expéditionnaire. Vers quatre heures du matin, une fusée partie du quartier général donna le signal tant attendu d'ouvrir le feu, et, à partir de ce moment, l'atmosphère fut sillonnée de projectiles. Les défenseurs du château ripostèrent vigoureusement, mais presque tous leurs coups portaient à faux, tandis que le tir de nos pièces était d'une précision merveilleuse : chacun de nos boulets atteignait les embrasures et faisait voler la pierre en éclats. La direction des bombes fut d'abord moins régulière, mais, une heure seulement après l'ouverture du feu, elles éclataient, toutes sans exception, dans l'intérieur de la citadelle.

Dès huit heures du matin, le feu de l'ennemi se ralentissait, et la chute des parapets laissait à découvert quelques-uns des fronts. En vain les artilleurs turcs s'efforcent de remplacer par des balles de laine et des blindages les pans de muraille écroulés : leur courage ne résiste pas à l'adresse de nos pointeurs. A dix heures, le feu du château était éteint. On commence aussitôt à battre en brèche. Nos boulets déterminent de nombreux éboulements. La garnison, épouvantée, veut alors se retirer. Hussein lui ordonne de se défendre. Les janissaires, ne consultant que leur désespoir, méconnaissent ses ordres et se précipitent en furieux vers la ville.

Nos soldats n'apercevaient plus alors que trois nègres qui, avec un courage admirable, essayaient de remonter et de tirer une pièce démantelée. L'un d'entre eux est coupé en deux par un boulet, un autre a les jambes emportées ; le dernier survivant se dirige alors vers la porte centrale, qu'il referme sur lui.

« Quelques minutes s'écoulèrent, » dit Pellissier dans ses *Annales algériennes*. « Personne ne se montrait plus sur les remparts. Un silence de mort planait sur la citadelle. Tout à coup une flamme brille au pied de la grande tour ; une immense colonne de fumée s'élève au-dessus du fort, une détonation effroyable retentit et domine le bruit du canon ; des débris de toute sorte retombent sur le sol, et atteignent jusqu'aux parties avancées de nos tranchées. L'obscurité, plus encore que cette horrible grêle, ébranle quelques courages, mais les artilleurs restent à leur poste, et les coups de canon qui partent de nos batteries rassurent l'armée sur les effets de l'explosion. Le fort venait de sauter. »

Les ennemis, sans doute ce nègre qu'on avait tant remarqué, avaient mis le feu aux poudres. Quand le nuage qui enveloppait la citadelle fut un peu dissipé, on aperçut, au front nord-ouest, une immense brèche. Le général Hurel, qui commandait la tranchée, lance aussitôt ses hommes sur les ruines encore fumantes, et deux soldats, l'histoire a retenu leurs noms, Lombard et Dumont, arborent le drapeau français sur le sommet du fort.

La Kasbah et le fort Bab-Azoun n'avaient pas ralenti leurs feux, seulement ils les tournaient contre le château l'Empereur. Le général la Hitte fit aussitôt diriger contre la Kasbah et Bab-Azoun quelques pièces de campagne et celles des bouches à feu du château que l'explosion avait

Fig. 26. — Le fort l'Empereur saute.

laissées sur leurs affûts. Ces canons, bien dirigés, suffirent pour réduire au silence l'artillerie ennemie. De son côté, le général Valazé, afin de ne pas laisser aux Algériens le temps de se reconnaître, commença une nouvelle tranchée devant la ville.

Alger était plein de trouble et de confusion. Les Arabes s'étaient enfuis en tumulte dans la campagne, dès qu'ils avaient vu tomber le château. Le soir même, les contingents d'Oran et de Constantine s'éloignaient. Le peuple, craignant une prise d'assaut, demandait à grands cris une capitulation.

Hussein, qui s'imaginait encore qu'une humiliation passagère le sauverait, consentit alors à envoyer à Bourmont un de ses secrétaires pour lui proposer des excuses et le paiement des frais de guerre. Le général répondit au représentant du dey que la base de toute négociation devait être l'occupation immédiate de la ville par les Français. Le secrétaire ne voulut transmettre ces dures conditions à son maître que lorsque Bourmont les eut fait rédiger. Deux heures plus tard, deux autres députés demandaient une nouvelle audience.

Avant qu'elle leur fût accordée, un certain Mustapha se présentait à Bourmont en qualité d'envoyé de l'Odjeac. Les janissaires et les soldats turcs, pour s'assurer la possession d'Alger, venaient en effet de se réunir en assemblée extraordinaire et avaient résolu de proposer au général français l'assassinat immédiat de leur maître. Bourmont, indigné, repoussa ces offres que l'honneur lui défendait d'accepter. Il fit même savoir à Mustapha qu'il punirait sévèrement ceux qui attenteraient aux jours de Hussein, attendu qu'il était le seul maître légitime de la régence, et ne voulait traiter qu'avec lui ou ses représentants. Aussi, lorsque arrivèrent ces derniers, ils furent bien accueillis.

Le consul d'Angleterre les avait accompagnés, non pas à titre officiel, il eut grand soin de le faire remarquer, mais par amitié pour le dey. Bourmont l'écouta sans lui répondre : il ne voulait pas se compromettre vis-à-vis de ce personnage, qui représentait une puissance jalouse et, au besoin, hostile. Deux Maures, les plus riches d'Alger, s'étaient également joints au cortège ; ils venaient prier Bourmont de suspendre un feu désormais inutile. Cette demande leur fut aussitôt accordée. Un de ces Maures, qui devint plus tard syndic d'Alger, Sidi-Abou-Derbah, fit alors remarquer à Bourmont que la prudence lui conseillait de ne pas exiger une capitulation à merci. Les Algériens, en effet, ne comprenaient pas ce terme, et croyaient que les Français avaient l'intention de se livrer aux actes les plus barbares ; aussi résisteraient-ils à outrance si on les poussait au désespoir.

Ces conseils étaient sages. Bourmont assembla un conseil de guerre et rédigea une convention, dont il adoucit les termes pour ne pas effrayer la population, puis il la revêtit de sa signature et la fit porter au dey par l'interprète principal de l'armée, Bracewitz. Ce dernier a raconté, dans une intéressante relation, les scènes curieuses auxquelles il assista dans le cours de sa mission.

On ne le laissa entrer qu'à grand'peine à Alger. Quand il monta la rampe étroite qui conduit à la Kasbah, il traversa les rangs épais d'une foule furieuse qui l'injuriait et le menaçait. Introduit dans la cour du divan et présenté au dey, il le salua, et, après lui avoir adressé quelques mots respectueux, lut à haute voix les articles suivants :

1° « L'armée française prendra possession de la ville d'Alger, de la Kasbah, et de tous les forts qui en dépendent, ainsi que de toutes les propriétés publiques, demain 5 juillet 1830, à dix heures du matin. » Ces mots excitèrent une rumeur sourde, que réprima le dey.

2° « La religion et les coutumes des Algériens seront respectées. Aucun militaire de l'armée ne pourra entrer dans les mosquées. » Cet article excita une satisfaction générale, mais l'article 3 souleva des cris de rage.

Il était ainsi conçu : « Le dey et les Turcs devront quitter Alger dans le plus bref délai. » Hussein pâlit, se leva, et jeta autour de lui des regards inquiets. « La mort! la mort! » criaient les janissaires, et déjà les yatagans étaient sortis du fourreau. L'interprète regarda fixement le dey, qui, prévoyant une catastrophe, descendit de son divan, et ordonna le silence d'une voix forte.

Bracewitz put alors donner lecture de l'article 4, qui ramena un peu de calme : « On leur garantit la conservation de leurs richesses personnelles; ils seront libres de choisir le lieu de leur retraite. »

Des groupes se formèrent à l'instant dans la cour et la discussion s'engagea. On fit alors connaître au dey la convention particulière qui réglait son sort. Il en pesa tous les termes avec un soin méticuleux et voulut les discuter. L'interprète, qui n'avait pas mission de traiter, mais de traduire et d'expliquer, demanda alors à rentrer au quartier général pour avoir les dernières instructions de Bourmont.

Voici l'acte définitif qui fut rédigé et signé, le lendemain 5 juillet, par les parties contractantes :

1° Le fort de la Kasbah, tous les autres forts qui dépendent d'Alger et les portes de la ville, seront remis aux troupes françaises ce matin, à dix heures.

2° Le général de l'armée française s'engage envers Son Altesse le dey d'Alger à lui laisser la libre possession de toutes ses richesses personnelles.

3° Le dey sera libre de se retirer avec sa famille et ses richesses dans le lieu qu'il fixera, et, tant qu'il restera à Alger, il sera, lui et sa famille, sous la protection du général en chef de l'armée française. Une garde garantira la sûreté de sa personne et celle de sa famille.

4° Le général en chef assure à tous les membres de la milice les mêmes avantages et la même protection.

5° L'exercice de la religion mahométane restera libre; la liberté de toutes les classes d'habitants, leur religion, leurs propriétés, leur commerce et leur industrie ne recevront aucune atteinte; leurs femmes seront respectées; le général en chef en prend l'engagement sur l'honneur.

6° L'échange de cette convention sera fait avant dix heures du matin.

Fig. 27. — L'armée française entre à Alger.

Tout le monde dans le camp français s'apprêtait à l'entrée triomphale dans la ville, lorsqu'un envoyé du dey vint demander quelques heures de répit. Les ordres les plus précis avaient été donnés pour que l'armée se concentrât; on ne pouvait les contremander. On repoussa donc la demande d'Hussein, qui se résigna et ne songea plus qu'à exécuter la capitulation.

A onze heures, le général Achard occupait la porte Bab-el-Oued et les forts qui en dépendent, le général Berthier de Savigny la porte Bab-Azoun et le port. Le gros de l'armée faisait son entrée par la porte Neuve. Le ciel était d'une limpidité extrême, et des flots de lumière rehaussaient l'éclat des armes et la variété des uniformes. Nos soldats avaient orné leurs schakos de branches de myrte et de laurier. Quand ils arrivèrent aux remparts et aperçurent, entassés et mutilés, les cadavres des prisonniers français, leur joie se convertit en tristesse. Les drapeaux s'inclinèrent, les tambours battirent la marche funèbre, et l'armée défila silencieuse au port d'armes.

De la porte Neuve à la Kasbah montait une étroite ruelle, où trois hommes avaient peine à marcher de front. Les essieux d'artillerie renversaient des pans de muraille, et ces démolitions imprévues retardaient la marche de la colonne. On arriva pourtant à la Kasbah.

Ce n'était pas un palais, pas même, avec nos habitudes, une habitation tolérable. Qu'on se figure une enceinte informe, entourée de hautes murailles crénelées à la moresque. On y arrivait par un porche fermé par une porte à deux battants, que surmontaient deux lions, emblème de la puissance algérienne. Sous la voûte, jaillissait une fontaine, et à droite, dans un réduit obscur, plusieurs monceaux de têtes, empilées comme des boulets, exhalaient une odeur fétide. Le porche conduisait à une cour intérieure, entourée de galeries à deux étages; les premières étaient réservées aux magasins et aux bureaux, les secondes aux appartements du dey. Ces appartements étaient modestes. Le mobilier consistait en coussins, en divans, en coffres, et en armes suspendues aux murs. Une galerie couverte conduisait au harem. Les chambres des odalisques n'étaient pas mieux meublées que celles du dey : c'était un confus entassement de tapis, d'étoffes, de vêtements, et de coffres en bois de rose, incrustés de nacre et d'écaille. L'odeur des essences y était répandue à profusion. L'enceinte de la Kasbah renfermait d'autres bâtiments de moindre importance : mosquée, magasins, écuries vides, cabanons infects, où quelques animaux féroces se débattaient contre la faim et la vermine.

Hussein, à l'approche de nos soldats, évacua précipitamment la Kasbah avec ses serviteurs et ses femmes, et ces dernières laissèrent échapper, dans leur fuite rapide,

Fig. 28. — Musulmane voilée.

ce qu'elles emportaient. Aussi les abords de la demeure du dey semblaient-ils avoir été mis au pillage. Les Juifs profitèrent seuls de cette panique, et recueillirent ces épaves avec avidité.

Dans les autres quartiers, Alger ne présentait nullement l'aspect triste et désolé d'une ville conquise. Sans doute les boutiques étaient fermées, mais « les marchands, assis tranquillement devant leurs portes, attendaient le moment de les ouvrir. On rencontrait çà et là quelques groupes de Turcs et de Maures, dont les regards distraits annonçaient plus d'indifférence que de crainte. Quelques musulmanes voilées se laissaient entrevoir à travers les étroites lucarnes de leurs habitations. Les Juives, plus hardies, gravissaient les terrasses de leurs demeures, sans paraître surprises du spectacle nouveau qui s'offrait à leurs yeux. Nos soldats, moins impassibles, jetaient partout des regards avides et curieux. » (PELLISSIER.)

Tous les postes furent successivement occupés par nos troupes. Nulle part on ne rencontra de janissaires; ou bien ils s'étaient déjà embarqués, ou bien ils s'étaient retirés dans leurs maisons. Jamais ville conquise ne fut occupée avec plus d'ordre.

L'escadre n'avait que faiblement concouru à l'attaque de la ville, car, sauf le 2 et le 3 juillet, le mauvais temps l'avait retenue au large. Ce ne fut que le 6 juillet que l'amiral Duperré put faire entrer la *Provence* dans le port d'Alger. Il s'occupa aussitôt de reconnaître le matériel naval : il se composait d'une frégate et d'une corvette hors de service, de sept bricks et d'un grand nombre de chebecs. En outre, les magasins regorgeaient de provisions, et il y avait sur le chantier une belle frégate. Quant aux fortifications du môle, 300 canons les défendaient. Cet immense matériel fut inventorié avec soin. On démolit la frégate et la corvette hors de service, afin de donner du combustible aux soldats ; quatre bricks furent mis en disponibilité, et les chebecs servirent à établir une communication entre le port et l'escadre.

Le premier soin de nos généraux fut de courir au bagne afin de délivrer les esclaves chrétiens. On n'y trouva que 122 prisonniers, et parmi eux un Toulonnais, nommé Béraud, enfermé depuis 1802. La plupart d'entre eux, amaigris par les privations, ressemblaient à des spectres ; plusieurs, à force de souffrances, avaient perdu la raison, quelques-uns étaient tout à fait aveugles. Ne serait-ce que pour avoir anéanti ces restes hideux de la férocité barbaresque, et pour avoir mis fin au scandale de l'esclavage d'Européens en plein dix-neuvième siècle, n'est-il pas vrai que par la conquête d'Alger la France a bien mérité de l'humanité et de la civilisation ?

Après avoir rendu la liberté aux esclaves, il fallait songer au départ des anciens maîtres de la régence. La plus simple prudence imposait, en effet, à Bourmont la nécessité de se débarrasser au plus vite d'Hussein et des janissaires turcs. L'ex-dey avait espéré une visite du général en chef : on lui fit comprendre que c'était à lui à provoquer cette entrevue. Il demanda donc une audience, qui lui fut tout de suite accordée.

Quand il se retrouva dans la Kasbah et se vit entouré de tous ces généraux qui l'avaient vaincu, il ne put cacher un premier mouvement de dépit, mais il le surmonta bientôt et laissa croire qu'il était résigné. Il aurait voulu se retirer à Malte, mais nos relations avec l'Angleterre étaient trop tendues pour que l'ancien dey pût résider, sans inconvénient, sur une terre anglaise. Aussi bien il le comprit lui-même et désigna Livourne. Il réclama aussi une somme de 30,000 sequins, qui était restée dans ses appartements et lui appartenait en propre. Bourmont la lui promit. Cette promesse rendit Hussein plus communicatif. Il donna au général quelques indications sur les revenus de la régence et sur les diverses races qui l'habitaient.

Ces conseils étaient sincères, l'expérience le démontra ; mais on eut le tort de les méconnaître pour l'instant.

Avant de quitter son ancienne demeure, Hussein demanda encore l'autorisation de prendre quelques armes et divers objets mobiliers auxquels il tenait ; Bourmont la lui accorda sur-le-champ. Puis il se retira, après avoir remercié le général et son état-major de leur bienveillant accueil ; mais, ainsi que le roi Boabdil quand il quitta Grenade, il ne put retenir ses larmes lorsqu'il regagna sa nouvelle demeure, triste et pensif. Quelques jours plus tard, Bourmont rendit au dey sa visite. Hussein avait changé d'avis sur le lieu de sa retraite et s'était décidé pour Naples. Le général s'empressa de ratifier sa décision, et mit une frégate, la *Jeanne d'Arc*, à sa disposition. Son départ eut lieu le 10 juillet. Les Algériens lui témoignèrent une grande froideur. Aucun d'entre eux ne vint le saluer sur son passage. Monté à bord, quand il tourna pour la dernière fois les yeux vers cette Kasbah du haut de laquelle, pendant douze ans, il avait commandé en maître absolu, il éclata en sanglots.

Avec lui s'éteignait la longue suite des deys qui, depuis 1517, gouvernaient l'Algérie.

Les janissaires de l'Odjeac partirent le lendemain 11 juillet. Ils étaient, au moment de la prise d'Alger, 5,092, dont 891 artilleurs. Bourmont avait ordonné leur désarmement, et ils avaient obéi sans murmure. Il leur notifia ensuite que les pères de famille pourraient rester dans la régence, mais que tous les autres seraient transportés par mer là où ils le désireraient. La plupart d'entre eux étaient nés en Asie Mineure : ils demandèrent qu'on les y reconduisît, et cela sans stipuler la moindre indemnité. Quand, au moment du départ, on leur distribua deux mois de solde afin de ne pas les laisser dans un dénuement absolu, ils exprimèrent leur reconnaissance pour cette générosité inattendue. Ainsi se trouva dissous ce terrible Odjeac qui, pendant trois siècles, avait fait régner la terreur sur la Méditerranée.

On n'avait plus rien à craindre des anciens maîtres du pays ; restait à se substituer à eux en organisant la conquête.

Notre premier soin fut d'inventorier les résultats immédiats de la victoire. C'était une opération difficile. La Kasbah passait pour receler un trésor énorme, accumulé depuis la fondation de la régence.

Lorsque nos premiers soldats entrèrent dans ce palais,

le payeur général de l'armée, Firino, se fit aussitôt remettre, au milieu de la confusion générale, les clefs de ce trésor par le kasnadjar. Ce fonctionnaire lui déclara que le trésor était intact, mais qu'il n'existait aucun registre constatant les recettes et les dépenses. Il le mena dans les salles où étaient renfermées les espèces métalliques. Firino fit

Fig. 29. — Le dey Hussein quitte Alger (d'après une gravure de l'époque).

tout de suite apposer un triple scellé, et placer dans la galerie conduisant à ces salles un poste permanent de gendarmerie, commandé par un officier. L'intendant général Denière, frappé de la quantité d'or et d'argent qui s'était offerte à sa vue, avait évalué ce trésor à environ 80 millions. Firino, que ses fonctions habituelles rendaient plus apte à ce genre d'appréciation, l'évaluait à 50 millions seulement, et il était plus dans le vrai ; mais Bourmont adopta la première évaluation et s'en servit comme point de départ pour proposer à Charles X de consacrer 50 millions aux frais de guerre, 3 en gratifications à l'armée, et le reste à la Légion d'honneur.

Comme ces projets de distribution avaient circulé dans l'armée, et qu'ils ne se réalisaient pas, de sourdes rumeurs s'élevèrent contre Bourmont et les habitants de la Kasbah. Il fallut plus tard, pour les démentir, nommer une commission d'enquête, chargée d'étudier, dans les caveaux vides de la Kasbah, l'importance primitive du trésor. Cette commission se livra aux calculs les plus minutieux, et rendit un verdict des plus honorables en faveur des inculpés.

En résumé, on trouva dans le trésor, 7, 212 kilogrammes d'or, à 3,434 francs le kilogramme, représentant une valeur de 24,768,000 francs, et 108,704 kilogrammes d'argent, à 220 francs le kilogramme, représentant une valeur de 23,915,000 francs, soit en tout 48,683,000 francs. 43 millions seulement furent expédiés en France. Les 5 millions restant, pièces monnayées ayant cours dans la régence, furent employés au service des dépenses publiques.

Les membres de la commission avaient menacé le kasnadjar et ses employés des châtiments les plus sévères, si, par hasard, ils ne découvraient pas ce qu'ils savaient. Ces agents offrirent de jurer sur le Coran que les valeurs reconnues composaient seules le trésor. Ils firent, d'ailleurs, observer que depuis une vingtaine d'années les dépenses surpassaient les recettes. C'est ce que les Maures disaient aussi dans leur langage imagé : « Jadis, dans le puits de la Kasbah, l'or coulait pardessus la margelle, puis il a fallu pencher le corps pour y puiser, et, dernièrement, on n'y pouvait atteindre que par le secours d'une échelle. »

A ces 48 millions de la Kasbah, il faut joindre la

valeur d'environ 3 millions de laines entassées dans les magasins, celle de 4 millions pour les pièces d'artillerie en bronze, et nous arriverons à un total de 55 mil-

Fig. 30. — Sommet de la Kasbah d'Alger.

lions, sans compter les peaux, cuirs, cires, plomb et cuivres, qui regorgeaient dans les magasins de l'État; les provisions de blé, de toiles, de cordes, de ferrures et de chanvres dans les arsenaux, et le matériel de la petite flotte de guerre. Les dépenses de tout genre pour l'expédition s'étaient élevées, on le sut plus tard, à la somme de 48,500,000 francs. C'était un excédent de 7 millions. Par un heureux hasard, la conquête d'Alger, loin de grever la France, couvrait ses propres dépenses, et faisait même rentrer plusieurs millions dans les caisses publiques. Il est peu d'expéditions contemporaines dont on puisse en dire autant.

Ainsi se termina cette brillante campagne.

« Dès le début de son existence, l'armée d'Afrique venait de se montrer digne de prendre place à côté des plus vaillantes armées dont la France s'honore. Vingt jours avaient suffi pour faire tomber en notre pouvoir Alger, ses mille canons, sa flottille et son trésor. La Méditerranée était délivrée, les portes d'une nouvelle France étaient ouvertes; au moment où il allait cesser pour toujours d'être le drapeau national, le vieux drapeau d'Henri IV avait encore une fois guidé nos soldats à la victoire, et il venait d'acquérir une dernière gloire qui ne le cédait en rien à celle dont il avait brillé dans ses meilleurs jours. » (DUC D'ORLÉANS.)

La nouvelle de cet éclatant succès fut accueillie d'une façon très différente, suivant les divers partis. En toute autre circonstance, il y aurait eu unanimité, car nous sommes tous sensibles à la gloire militaire, et, depuis nos désastres de la fin du premier empire, c'était la première victoire vraiment nationale que nous remportions; mais le gouvernement de la restauration était fort impopulaire en France. On lui attribuait des projets de coup d'État que, malheureusement pour lui, il ne devait que trop tôt réaliser. Aussi, à tort ou à raison, établissait-on une connexion intime entre ces projets réactionnaires et la victoire future. C'est pourquoi, lorsque, le 9 juillet 1830, une dépêche télégraphique annonça aux Parisiens la prise d'Alger, cette nouvelle, bien accueillie par les classes officielles, le fut avec froideur et presque avec inquiétude par les autres classes : dans la pensée des libéraux, la victoire de Bourmont devait fatalement réagir sur notre situation intérieure et encourager Charles X à des mesures violentes.

Quelques jours plus tard, en effet, le roi, cédant à de déplorables conseils, signait les fatales ordonnances de juillet 1830, et bientôt, balayée par le vent populaire, sortait de France une antique dynastie dont le dernier service, et il faut à cause de cela lui pardonner bien des fautes, avait été de créer une France africaine.

IV.

PREMIÈRES ANNÉES D'OCCUPATION.

L'Algérie après la conquête. — Ignorance et hésitation de la France. — Les fautes commises. — Marche sur Blidah. — Première occupation de Bône et d'Oran. — Bourmont remplacé par Clauzel. — Expédition de Medeah. — Tâtonnements et revirements. — Résultats obtenus.

Lorsque fut décidée l'expédition d'Alger, personne en France ne connaissait l'Algérie. On savait vaguement qu'il existait des Turcs dominateurs, des Arabes ou des Maures dominés : hors de là, rien, rien que des préjugés ou même de fausses notions. Situation intérieure et ressources du sol, mœurs, constitution sociale, caractère des populations gouvernées, on ignorait tout. On ne savait même pas les relations qui unissaient entre elles les diverses provinces dont se composait la régence. Aussi que de fautes n'avions-nous pas à commettre, et que de fautes n'avons-nous pas commises !

Sous la domination de l'Odjeac, le sol algérien se divisait en quatre provinces ou beyliks, Alger au nord, Constantine à l'est, Oran à l'ouest, Tittery au centre. Le dernier seul ne portait pas le nom de sa capitale, Medeah. Aucune de ces quatre villes n'était reliée à sa voisine par des voies de communication régulières. Il n'y avait ni ponts ni routes. Depuis longtemps, les broussailles ou les arbres avaient recouvert les derniers vestiges des voies romaines. A l'exception des villes et de quelques points stratégiques, la domination turque n'avait été acceptée que théoriquement par les habitants de la campagne. Certains cantons, dans les montagnes de la Kabylie par exemple, et dans presque tous les

Fig. 31. — Pasteur kabyle.

oasis du Sahara, étaient tout à fait indépendants. Mais nous ignorions ces détails, et, de bonne foi, l'état-major du corps expéditionnaire s'imaginait que la prise d'Alger entraînait la conquête de la régence entière. Ces illusions ne tardèrent pas à se dissiper.

La véritable population nationale se divisait en deux races principales, les Arabes et les Kabyles.

Les Arabes occupaient l'espace compris entre la mer et les montagnes d'un côté, les montagnes et le grand désert de l'autre, c'est-à-dire deux des trois régions algériennes, le Tell et le Sahara. Pasteurs, nomades et guerriers, vivant à cheval ou sous la tente, soumis aux Turcs qui les avaient vaincus, et même leur payant tribut, mais restant en dehors de toute autre condition de gouvernement, les Arabes étaient divisés en un grand nombre de tribus, groupées autour de chefs héréditaires. La tribu se subdivisait à son tour en *douairs*, ou petits groupes de familles inséparables. Chaque tribu formait une sorte de petit État souverain, et ne se rattachait aux autres que par la communauté d'origine, de langue et de religion.

Quant aux Kabyles, ils occupaient la région montagneuse. C'étaient les plus anciens possesseurs du pays, ceux dont les Romains désignaient les ancêtres sous le nom de Numides. Agriculteurs, industriels et sédentaires, ils se bâtissaient des villages, ou *dachours*. Chaque dachour formait une sorte de république indépendante, administrée par un conseil électif ou *djemâa*. Robustes, fiers, défiants, très courageux, les Kabyles ne s'étaient jamais complètement soumis ni aux Arabes ni aux Turcs. C'était entre eux et leurs oppresseurs une haine inexpiable, la haine du vaincu contre le vainqueur, qui se perpétue à travers les générations.

Turcs, Arabes et Kabyles étaient donc jaloux les uns des autres, mais un même sentiment, le fanatisme religieux, les unissait contre l'Européen. Aussi les trois races allaient-elles, toutes ensemble ou séparément, lutter contre les infidèles, qui osaient disputer l'Afrique aux sectateurs de Mahomet.

La guerre dans laquelle nous nous trouvions engagés

présentait des difficultés dont nous ne nous doutions même pas : éducation des soldats et des officiers, tactique, hygiène, équipement, tout devait être modifié ou approprié aux circonstances. Ce n'était pas une victoire, ce n'était pas la prise de telle ou telle ville qui pouvait assurer notre domination; c'était une lutte quotidienne, sans cesse renouvelée. Parfois même, c'était l'extermination des vaincus. Or, sur ce point, notre ignorance était absolue; premier et grave motif d'insuccès, que nous devions signaler ici.

Un second motif, non moins important que cette ignorance générale, fut la longue incertitude du gouvernement à propos des affaires algériennes, ainsi que les hésitations, les contradictions même des hommes d'État qui se succédèrent en France depuis 1830. Le nouveau gouvernement, la dynastie d'Orléans, était, à vrai dire, fort embarrassé de sa conquête.

De toutes les puissances de l'Europe, celle qui avait salué avec le plus d'enthousiasme la révolution de 1830 était l'Angleterre; l'alliance anglaise s'imposait donc comme une nécessité au roi Louis-Philippe. Or l'Angleterre avait élevé de nombreuses objections contre l'expédition d'Alger. Elle avait même été sur le point de s'y opposer par la force des armes, et il était à craindre qu'elle ne fît de notre renonciation à Alger la condition de l'alliance.

D'un autre côté, il se forma de bonne heure, dans les chambres françaises, un parti anti-algérien qui refusait d'admettre que la conquête d'Alger pût être féconde en résultats. Les orateurs de ce parti étaient des hommes convaincus, qui ne manquaient ni de patriotisme ni de talent; aussi leur opposition systématique fit-elle le plus grand tort à ceux qui sérieusement voulaient coloniser l'Algérie. On ne savait donc à quel parti s'arrêter : garder Alger et coloniser la régence, occuper seulement quelques ports et positions stratégiques, rendre le pays à ses anciens possesseurs, en faire un État vassal de la France, telles étaient les solutions proposées, et on ne se décidait pour aucune d'elles.

Après tous ces tâtonnements et malgré tous ces obstacles, ne faut-il vraiment pas rendre justice à ceux de nos compatriotes, soldats, administrateurs, prêtres ou colons qui eurent l'honneur de « réaliser en Algérie cette chose rare dans les annales humaines, une conquête faite au profit du pays conquis, auquel elle donne une administration protectrice et probe, au lieu d'être oppressive et pillarde; une justice équitable et morale, au lieu d'être vénale et corrompue; un gouvernement humain et civilisateur, au lieu d'être cruel et barbare. » (NETTEMENT.) Voyons-les donc à l'œuvre, ces ouvriers de la première heure, et assistons à leurs efforts, sans cacher leurs fautes, car ce n'est pas en dissimulant les erreurs commises qu'on en prévient le retour, c'est au contraire en les avouant au grand jour.

La première question à régler était celle de la transmission du gouvernement. D'ordinaire, afin d'éviter le désordre et de conserver la tradition et la suite des affaires, le conquérant d'un pays respecte l'administration existante; il n'a qu'à se substituer d'abord au vaincu. C'est l'unique moyen de se ménager des ressources et de prévenir des froissements inévitables. Or ce principe fut complètement méconnu. Non seulement on ne daigna pas faire savoir aux anciens fonctionnaires de la régence s'ils étaient conservés ou destitués, mais on agit avec eux comme s'ils n'avaient jamais existé. Ce fut un grave tort. Ces fonctionnaires abandonnèrent leurs services sans en faire la remise régulière, et même ils emportèrent ou détruisirent registres et documents; en sorte que tout fut à créer, et dans un pays inconnu où nous courions la chance de nous heurter à chaque pas contre des préjugés ou des usages.

Fig. 32. — Arabe du sud.

Un autre tort fut d'accorder notre confiance aux intrigants qui surent nous flatter. On alla jusqu'à leur confier l'administration d'Alger! Cette ville était autrefois administrée par les syndics ou *amines* de toutes les corporations, présidés par un magistrat spécial, le *cheik el belad*, ou chef de la ville. On les remplaça par une sorte de commission municipale, composée de Maures et surtout de Juifs. Or ces derniers, à tort ou à raison, étaient fort durement traités et peu estimés dans la régence. Notre arrivée releva leur courage et leurs prétentions. Ils affectèrent vis-à-vis des musulmans des airs de supériorité très blessants; à les entendre, ils étaient nos amis et nos intermédiaires obligés.

L'administration financière fut tout aussi mal dirigée que l'administration municipale. Toutes les perceptions s'arrêtèrent par suite de la désorganisation des services. L'octroi fut excepté, mais les membres de la commission municipale s'en partagèrent tranquillement les produits, et ce ne fut que quelques mois plus tard que le hasard découvrit cette fraude. Même gaspillage pour la douane. Aucune remise des biens domaniaux. Les objets en réserve dans les arsenaux et les magasins furent abandonnés pendant plusieurs jours à qui voulut s'en emparer, et les bâtiments de commerce, nolisés pour l'expédition, vinrent s'y approvisionner largement et gratuitement. Le croirait-on? L'hôtel des monnaies ne fut occupé que trois jours après notre arrivée, et il était vide. En résumé, ce fut un pillage éhonté. Aucune mesure ne fut prise pour assurer au nouveau pouvoir l'héritage de l'ancien.

La police elle-même fut désorganisée. Alger passait pour la ville du monde où la police était la mieux faite. Un certain d'Aubignosc fut chargé de la refondre. On lui donna un nombreux personnel et de beaux appointements; malgré ces moyens de répression et le concours de l'autorité militaire, les vols, naguère presque inconnus, se multiplièrent

Fig. 33. — Juif d'Alger.

dans des proportions effrayantes, et les indigènes en furent plus souvent encore les victimes que les auteurs.

Certes, il était difficile de débuter plus mal, et notre prestige diminuait singulièrement aux yeux de ces populations impressionnables. De plus, l'armée française était mécontente. Bourmont avait demandé pour elle des récompenses méritées. Il avait présenté au roi une liste de promotions et de décorations, mais on l'invita à restreindre ses demandes. Lui seul fut récompensé : on le nomma maréchal de France. Si cette distinction lui était due, ses lieutenants et ses soldats en méritaient également, et ils ne cachèrent pas leur mécontentement.

Le gouvernement semblait prendre à tâche de joindre à cette ingratitude l'incurie la plus inexcusable. Aucune instruction ne fut envoyée au général en chef sur ce qu'il avait à faire pour utiliser sa conquête, et depuis le 9 juillet jusqu'au jour de la chute des Bourbons on ne lui adressa que deux dépêches : la première prescrivait l'envoi en France de 60 chameaux, qu'on voulait acclimater dans les landes de Bordeaux, la seconde recommandait la formation de collections de plantes et d'insectes pour le Muséum.

Abandonné à lui-même et obligé de régler nos premiers rapports avec des populations intelligentes, qui ne laisseraient échapper aucune conséquence d'une fausse démarche, Bourmont essaya de pourvoir de son mieux aux nécessités de cette position tout exceptionnelle. Comme depuis la prise d'Alger nos soldats n'avaient pas bougé de leurs cantonnements, les Algériens commençaient à croire que l'armée victorieuse était réduite à camper sous le canon de la capitale. Ils attaquèrent nos avant-postes et assassinèrent nos hommes isolés. Bourmont pensa qu'une excursion armée dans l'intérieur du pays réduirait ces premiers soulèvements et lui permettrait de connaître la disposition des esprits. Il annonça donc qu'il irait en personne jusqu'à Blidah, au pied de l'Atlas.

Depuis Alger jusqu'aux premières pentes des montagnes s'étend une immense plaine, la Metidja. Comme elle pré-

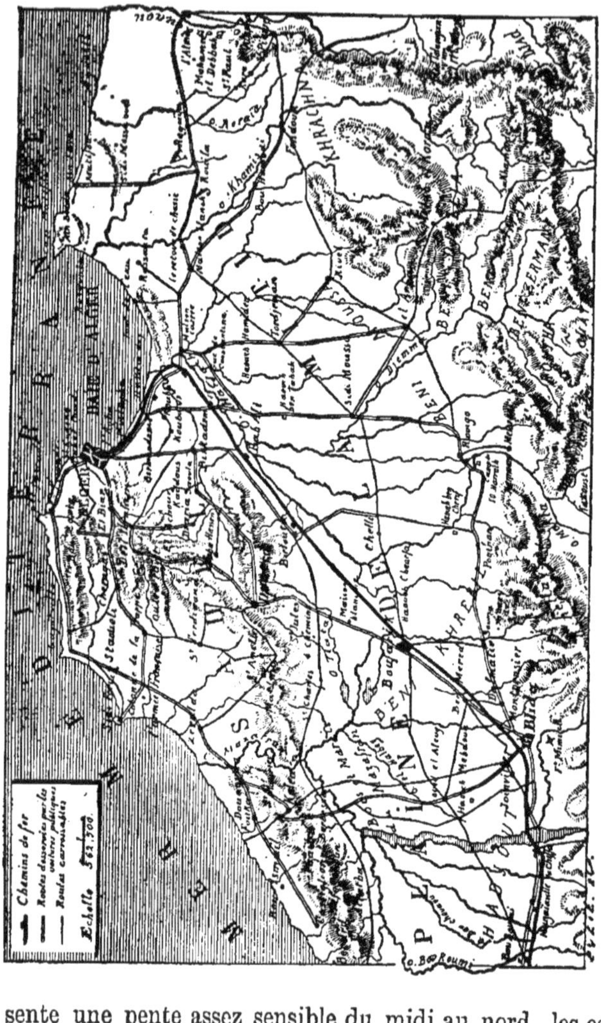

Fig. 34. — Carte de la côte d'Alger et de la plaine de la Métidja.

sente une pente assez sensible du midi au nord, les eaux de l'Atlas, arrêtées par ce dos de pays, s'épanchaient en larges mares; on peut, il est vrai, dessécher ces mares en profitant des cours d'eau qui traversent la plaine, Isser, Harrach, Mazafran. La Metidja, formée par les alluvions de tous ces fleuves, bien arrosée et chauffée par le soleil, est une région fertile. Bourmont pensa que des colons français seraient fort heureux de s'y établir ; mais il fallait auparavant reconnaître le pays, et c'est dans cette intention qu'il avait résolu cette promenade militaire à travers la Metidja, avec Blidah pour objectif.

Le désappointement de nos hommes fut très vif quand ils se trouvèrent dans cette immense plaine, alors aride et desséchée, coupée de loin en loin par quelque maigre bouquet d'arbres. Ils s'attendaient à rencontrer les splendeurs d'une nature tropicale, et ne foulaient aux pieds que le sol du désert. La Metidja recélait pourtant d'inépuisables trésors. On le sait, aujourd'hui qu'elle est cultivée dans tous les sens, et que de vastes établissements agricoles ont remplacé la tente des nomades.

Un second mécompte fut l'attitude hostile des habitants. La colonne en marche ne rencontra nulle part de résistance, mais tous ceux qui s'écartaient de ses rangs étaient impitoyablement massacrés et mutilés par les indigènes. On arriva à Blidah, et on en parcourut les environs sans rencontrer d'ennemis ; mais, il n'y avait pas à se le dissimuler, le retour serait difficile. Des nuées d'Arabes et de Kabyles étaient descendus de la montagne, tout disposés à nous attaquer. Sans une heureuse inspiration du général Hurel, qui engagea la colonne au milieu de la plaine, au lieu de lui faire suivre un chemin encaissé, dont les arbres et les buissons cachaient de nombreuses embuscades, elle était, à tout le moins, fort compromise. Quand Bourmont revint à Alger, 80 soldats ou officiers manquaient à l'appel, sans compter les blessés.

Le maréchal, fort irrité de sa déconvenue, voulut connaître les motifs de cet accueil hostile. Il apprit que le bey de Tittery avait organisé cette surprise. C'est lui qui avait répandu le bruit que les Français, sous prétexte de visiter Blidah, venaient pour saccager les moissons et emmener les habitants en esclavage. Il n'en fallait pas tant pour exciter l'ardeur belliqueuse des montagnards. Cette campagne nous apprenait à connaître le caractère des indigènes : elle nous rendit plus circonspects.

Bourmont comprit qu'il ne devait pas rester sous le coup de ce demi-échec. Comme il continuait à ne pas recevoir d'instructions précises de Paris, il prit sur lui d'étendre notre autorité sur les provinces de Constantine et d'Oran, en prenant possession des deux villes principales de la côte, Bône et Oran.

Nous avions jadis possédé quelques territoires non loin de Bône, à la Calle ; nos négociants y venaient pêcher des coraux et des éponges. Préoccupé de la perte de ces anciennes concessions, le gouvernement avait, avant le départ de l'expédition, prescrit à Bourmont de diriger le plus tôt possible sur Bône un corps de troupes, afin d'y faire reconnaître l'autorité de la France. Cette petite armée ne fut prête que le 25 juillet, et elle n'arriva devant Bône, à cause des vents contraires, que le 2 août. Le général de Damrémont la commandait. Notre ancien agent, de Rimbert, nous avait déjà précédés. Comme il avait des intelligences dans la place, et que les habitants avaient grand'peur du bey de Constantine, le débarquement s'opéra sans encombre et notre pavillon fut arboré sur les murs de la place.

Bône était alors en décadence. Elle ne comptait plus que 1,500 à 2,000 habitants, découragés par l'impossibilité d'exporter leurs produits, et ne demandant plus au sol que ce qui était nécessaire à leur consommation quotidienne. Les murs de la place tombaient en ruine ; seule, la kasbah ou citadelle, bâtie à 350 mètres de l'enceinte, sur une éminence qui se prolonge dans la plaine, offrait une certaine résistance.

Le premier soin de Damrémont fut de mettre la place en état. Il fit réparer les parties écroulées du mur d'enceinte, réparer la kasbah, et construire deux redoutes en avant de la porte de Constantine. Ces précautions n'étaient pas inutiles : de tous côtés, les Arabes du voisinage avaient pris les armes. Ils n'attendaient pour fondre sur nos soldats que l'arrivée du bey de Constantine, qui leur avait promis de se mettre à leur tête. Dès le 4 août, ils entraient en campagne, harcelant nos postes et interceptant nos communications.

Persuadé que l'inaction était considérée par eux comme une faiblesse, Damrémont prit l'offensive et dispersa les Arabes. Dans la nuit du 6 au 7, l'ennemi, qui avait reçu des renforts, nous attaqua sur toute la ligne, mais il fut repoussé avec perte. Il renouvela sa tentative le 10, et surtout le 11. La valeur et le calme de nos troupes firent échouer cette attaque désespérée. Damrémont profita du découragement des Arabes pour organiser le pays. Entouré d'un conseil de notables, il avisa aux moyens les plus pratiques d'améliorer le régime que naguère les Turcs faisaient prévaloir. Par malheur, il reçut tout à coup, le 18 août, l'ordre de ramener sur-le-champ les troupes à Alger. C'était le premier de ces soudains revirements que nous aurons souvent l'occasion de déplorer, et qui devaient, pour de longues années, nous déconsidérer aux yeux des indigènes.

Nous agîmes de même à Oran.

Par sa situation maritime qui commande, à l'égal de Gibraltar et mieux encore, l'entrée et la sortie de la Méditerranée, par ses nombreuses fortifications, par sa magnifique rade de Mers-el-Kebir, qui peut offrir en tout temps un refuge assuré aux plus grands vaisseaux, Oran était, après Alger, un des points les plus importants à occuper sur le littoral africain. Nous installer à Oran, c'était à la fois augmenter notre ascendant sur l'Espagne et en imposer à l'Angleterre, car il a été reconnu que les courants du littoral poussent vers la rade de Mers-el-Kebir les vaisseaux qui arrivent du détroit, tandis qu'ils arrêtent la marche de ceux qui cherchent à débouquer dans l'Océan. D'Oran à Carthagène, il ne faut que quinze heures de traversée, en sorte qu'une croisière, établie entre ces deux ports intercepterait, bien mieux que Gibraltar, le passage de la Méditerranée à l'Océan.

Fig. 35. — La ville de Bône, en 1830.

Les Espagnols connaissaient les avantages de cette position lorsqu'ils s'y établirent, au commencement du seizième siècle, sous la conduite de l'illustre cardinal Ximénès. Ils y avaient élevé des ouvrages considérables. La force de la garnison était de 6 à 7,000 hommes. Elle servait à repousser les ennemis du dehors et à contenir 5,000 *presidiarios* ou galériens envoyés d'Espagne; mais le pays ne produisait rien. On était obligé de faire venir tous les approvisionnements d'Espagne, même la viande, et la garnison ne s'aventurait jamais au delà de la place. C'était donc un poste onéreux et qui ne pouvait exercer aucune influence sur les tribus du voisinage, car la garnison était comme prisonnière dans la ville et les forts.

En 1792, lorsque les Espagnols renoncèrent à Oran, les Algériens s'empressèrent de démolir les constructions qui avaient coûté tant de peine à leurs prédécesseurs. Ils y installèrent des beys, qui se succédèrent avec rapidité.

Le bey de 1830 se nommait Hassan. C'était un vieillard qui ne demandait qu'à mourir en paix. Il avait informé Bourmont de ses sentiments pacifiques, et l'avait prié de lui envoyer au plus vite des soldats français pour leur remettre la ville et les forts, car les Arabes du voisinage devenaient remuants et il ne se sentait pas capable de leur résister longtemps. Pour ce qui le concernait, il ne demandait qu'à se démettre de ses fonctions.

Bourmont envoya aussitôt un de ses fils à Oran pour y traiter de la capitulation. Pendant qu'on était en pourparlers, le capitaine le Blanc, chef de l'escadre, prit sur lui de s'emparer, avec une centaine de marins, du fort de Mers-el-Kebir. Les Turcs, qui en formaient la garnison, ne lui opposèrent aucune résistance. Cette façon brusque de procéder ne changea rien aux dispositions d'Hassan. Il démontra seulement au capitaine Bourmont la nécessité d'agir vite, si on ne voulait être prévenu par les indigènes. Le maréchal, sur le rapport de son fils, envoya un régiment à Oran, mais à peine l'escadre avait-elle mouillé à Mers-el-Kebir qu'un contre-ordre arrêtait le débarquement.

En effet, Bourmont venait de recevoir de graves nouvelles de France et tenait à concentrer toutes ses forces. Le même sentiment qui lui avait déjà dicté le rappel de Damrémont lui inspira la résolution de ne pas s'établir à Oran. Le bey, informé de cette nouvelle décision, en déplora les conséquences, et déclara que néanmoins il restait l'ami des Français.

A Bougie, nous fûmes moins heureux encore qu'à Blidah, Bône et Oran. Quelques émissaires étaient venus trouver le maréchal à Alger et lui avaient promis la soumission des tribus voisines de Bougie, à condition que les Français respecteraient leur religion et leurs propriétés. Bourmont le leur promit et envoya une corvette, la *Bayonnaise*, prendre possession de la ville. Les dispositions des habitants ayant changé dans l'intervalle, la *Bayonnaise* fut reçue à coups de canon. Le commandant, qui n'avait pas de troupes à bord, se retira.

Quelles étaient donc les graves nouvelles qui dictaient au maréchal de si singulières décisions ?

Fig. 36. — Oran. Vue du port pendant la domination espagnole.

Le 10 août, un bâtiment marchand, venu de Marseille, avait apporté la nouvelle de la chute de Charles X. Tant que l'on put conserver quelque doute, Bourmont ne cacha pas son désir de ne pas reconnaître le fait accompli. Dans la nuit du 10 au 11, arriva une dépêche officielle : elle annonçait le départ de Charles X et la nomination de Louis-Philippe d'Orléans comme lieutenant général du royaume ; ce qui fit supposer au maréchal que le duc de Bordeaux pourrait bien être nommé roi de France. La plupart des officiers généraux étaient de cet avis ; pourtant, malgré leur désir de conserver l'armée d'Afrique à la légitimité, ils se montrèrent moins soucieux de faire prévaloir leur opinion que de maintenir l'ordre et la discipline. Quelques exaltés auraient voulu qu'on embarquât une partie de l'armée pour la diriger sur Paris, mais l'amiral Duperré déclara que pas un soldat ne partirait sans sa permission.

A partir de ce moment, les dépêches se succédèrent, toutes adressées à Duperré. Le nouveau gouvernement, en cessant de correspondre avec le maréchal, lui offrait ainsi le prétexte de se retirer. Bourmont s'était, un instant, flatté de l'espoir de conserver sa position. Il avait même fait arborer le drapeau tricolore et annoncé l'élévation au trône de Louis-Philippe; mais sa situation particulière et ses opinions bien arrêtées ne permettaient pas de le maintenir à la tête de l'armée d'Algérie.

Le général Clausel fut désigné pour lui succéder (12 août). Bourmont apprit cette nouvelle avec un découragement dont les affaires se ressentirent. Le bey de Tittery, prenant pour prétexte l'expulsion des Turcs, nous déclara la guerre par une lettre insolente, où il annonçait sa prochaine venue devant Alger à la tête de 200,000 hommes. Ce n'était qu'une bravade, mais qui peignait l'état des esprits.

Le 2 septembre, dans la matinée, les vigies signalèrent enfin un navire qui se dirigeait sur Alger : c'était l'*Algésiras*, ayant à son bord le général Clausel. Une foule d'officiers, de soldats et d'indigènes coururent sur le port afin d'assister au débarquement du nouveau général en chef. Clausel se rendit aussitôt auprès de Bourmont, qui lui remit le commandement. Le maréchal avait eu d'abord l'intention de se rendre directement à Marseille. Les lettres que lui apportait l'*Algésiras* le firent changer de résolution ; il se détermina, après quelques hésitations, à attendre à Mahon, dans les Baléares, que le temps eût calmé les passions et assoupi les haines. Il demanda donc un navire à son successeur, mince faveur qui lui fut refusée. Il ne put trouver qu'un brick autrichien, sur lequel il s'embarqua avec deux de ses fils. L'aîné était allé porter à Paris les drapeaux pris sur l'ennemi; le quatrième avait péri dans la campagne. Ce fut en proscrit qu'il s'éloigna de cette terre africaine qu'il venait de conquérir pour la France.

Fig. 37. — Le maréchal Clausel.

La nomination de Clausel avait été bien accueillie par l'armée d'Algérie. Vieux soldat de la république et de l'empire, dévoué aux idées libérales, il était difficile de faire un meilleur choix. Son début fut pourtant malheureux. Il adressa aux troupes une proclamation pour leur annoncer sa mission, sans leur distribuer un seul mot d'éloge pour leurs glorieux combats. Instruit de cette erreur, il s'empressa de la réparer dès le lendemain, en adressant des compliments à ces braves soldats, qui, de leur victoire, n'avaient encore recueilli que d'injustes dédains.

Les premiers soins de Clausel furent consacrés à l'administration et à la réorganisation de l'armée. Il avait amené avec lui quelques anciens fonctionnaires de l'empire, dont il forma un conseil de gouvernement. Ce conseil se mit tout de suite à la besogne, et, avec une précipitation parfois regrettable, rendit une foule d'arrêts relatifs à la justice, aux finances et à l'administration. Ainsi commençait cette manie de réglementation qui nous a fait tant de mal, cette fureur de codifier à tort et à travers sans consulter les usages, et d'après certaines théories en l'air. Il est vrai que nos habitudes administratives ne se sont guère modifiées sur ce point, et c'est un grand malheur, car en agissant de la sorte on bouleverse tout sans rien fonder.

Pendant que nous consumions un temps précieux à entasser règlements sur règlements, la situation extérieure se compliquait. Partout avaient surgi, dans les villes ou au sein des tribus, des chefs ambitieux qui voulaient se partager les lambeaux de l'ancienne régence. Les uns recouraient volontiers au patronage de la France, les autres à celui de l'empereur de Maroc, ceux-ci songeaient à se constituer des principautés indépendantes. Un des plus redoutables parmi ces chefs était le bey de Tittery, Bou-Mezrag, qui avait réuni dans une haine commune contre les infidèles plusieurs tribus ordinairement en guerre les unes contre les autres et les avait lancées dans la banlieue d'Alger. Clausel résolut de le punir de ses bravades, et, pour frapper un coup plus décisif, de l'attaquer au cœur même de ses forces, dans sa capitale de Medeah.

La colonne expéditionnaire compta 8,000 hommes environ. On y remarquait pour la première fois des indigènes mêlés à nos soldats. C'étaient des Kabyles, de la tribu des Zouaouas, qui venaient d'entrer à notre service; ils étaient commandés par les capitaines Manuel et Duvivier. On remarquait aussi dans l'état-major un jeune mamelouk, récemment arrivé de Tunis, Yousouf, dont le nom allait bientôt devenir populaire.

L'armée quitta Alger le 17 novembre, et bivouaqua le soir même à Bouffarick. Le 18, elle entrait à Blidah et trouvait la ville déserte; les habitants s'étaient enfuis dans la montagne. Le 19, Clausel essayait de s'organiser à Blidah. Le 20, après avoir laissé dans la place une petite garnison pour assurer les communications avec Alger, il se porta sur Medeah; le temps était splendide, l'ennemi ne se montrait nulle part. Les Kabyles, effrayés par le déploiement de nos forces, venaient à notre rencontre et nous fournissaient des vivres; c'était une promenade militaire.

On arriva, sur le soir, à une grande ferme au pied du col ou *téniah* de Mouzaïa, la première des gorges qui permettent d'arriver sur les sommets de l'Atlas. Il s'agissait de franchir, sous le feu de l'ennemi, ce dangereux obstacle. C'est un chemin ou plutôt un sentier d'accès périlleux, entrecoupé de ravins donnant à peine passage à quelques hommes de front. Bou-Mezrag avait mis deux canons en batterie sur cet étroit passage, et, des deux côtés, ses troupes garnissaient les hauteurs. Plus les obstacles à franchir étaient redoutables, plus Clausel espérait obtenir d'ascendant sur les indigènes par un succès sur lequel il comptait.

Le 21, nos soldats gravirent assez facilement les premières pentes et chassèrent successivement l'ennemi de tous les mamelons qu'il occupait. Il n'y eut de résistance sérieuse qu'à la téniah de Mouzaïa, où Bou-Mezrag nous attendait avec ses meilleures troupes. On tiraillait depuis deux heures sans résultat apparent, lorsque Clausel ordonna à ses soldats de gravir les crêtes pour tourner le col et prendre l'ennemi à revers. Ce mouvement réussit; le général Achard, qui venait d'arriver à l'entrée du col, fait déposer les sacs, battre la charge, et lance ses soldats. Ces braves allaient au-devant de la mort, car, sous le feu roulant de l'ennemi, et d'après toutes les prévisions, ils devaient perdre au moins la moitié de leur effectif. Beaucoup d'entre eux périrent en effet, moins cependant qu'on ne le craignait, et les Algériens, déconcertés par cette brusque attaque, s'enfuirent en désordre et nous laissèrent en possession du col. Le premier officier français qui y arriva était l'aide de camp du général Achard : il se nommait Mac-Mahon.

Avant le coucher du soleil, nous étions maîtres de toutes les positions, et le drapeau tricolore flottait sur l'Atlas. Ce passage de Mouzaïa était certes un beau succès, car l'ennemi avait pour lui l'avantage du nombre et de la position. La journée avait été meurtrière, nous perdîmes plus de 200 hommes; mais elle nous valut un ascendant immense sur toutes les tribus. Dès le lendemain 22 novembre, Clausel entrait sans résistance à Medeah, la capitale du bey. Le 23, Bou-Mezrag demandait à capituler, et le général lui pardonnait. Le 24 et le 25, nous installions dans la ville un nouveau bey, et, le 26, la colonne expéditionnaire retournait à Alger, laissant dans sa nouvelle conquête une petite garnison, commandée par le colonel Marion. Le retour ne fut pas inquiété; mais, en arrivant à Blidah, on apprit que la garnison de cette ville avait été sérieusement attaquée. Clausel, après avoir reconnu qu'il n'y avait aucun avantage à occuper la ville, fit reprendre la route d'Alger. Aucune alerte ne troubla le trajet.

L'expédition de Medeah fut sagement conçue et habilement conduite; ce premier acte de vigueur fut malheureusement isolé. En France, on redoutait une guerre générale, et aucun renfort n'était envoyé en Afrique. On ne donnait même pas d'instruction précises, comme si le

Fig. 38. — Prise de Medeah (d'après le tableau de Siméon Fort.)

gouvernement avait eu l'arrière-pensée d'abandonner Alger d'un moment à l'autre. Cette indécision fut si grande, que Clausel dut ordonner à la garnison de Medeah de revenir à Alger; cette retraite fut un malheur, car les résultats de la campagne se trouvaient perdus. Dès les premiers jours de la conquête, de fâcheux revirements compromettaient ainsi l'œuvre de nos soldats.

Cette mésaventure déconcerta le général Clausel. Il crut alors nécessaire de demander à la diplomatie ce que la force des armes ne pouvait plus lui donner.

Le bey de Tunis était, en ce moment, en instance auprès de lui, afin d'obtenir pour des princes de sa famille l'investiture des beyliks d'Oran et de Constantine. Il s'engageait à se reconnaître le vassal de la France, à lui payer un tribut considérable, à protéger tous les Européens qui voudraient s'établir dans ses États à titre de colons ou de commerçants. Incertains comme nous l'étions sur la nature et la durée de notre occupation algérienne, en adoptant cette proposition non seulement nous nous assurions la possession immédiate des deux provinces d'Alger et de Tittery, mais encore, sans tirer un coup de fusil et sans bourse délier, nous étendions notre influence sur deux provinces importantes. De plus, au point de vue militaire, nous interceptions les moyens de correspondance entre les tribus de l'est et de l'ouest, nous occupions un littoral de plus de 50 lieues, et sur le reste des côtes les ports nous étaient ouverts, avec des avantages qui équivalaient à la possession. Enfin, au point de vue financier, nous nous assurions des revenus considérables.

Clausel n'hésita pas et signa le traité. La convention fut pourtant rejetée par le gouvernement, parce que le général avait outrepassé ses pouvoirs et que le traité préjugeait la question de savoir si nous garderions indéfiniment Alger. C'était même le vrai motif du refus : on ne savait pas encore à Paris ce qu'on ferait de l'Algérie. On préférait ne s'enchaîner par aucun engagement et laisser au temps le soin de consacrer nos droits. Clausel, irrité

Fig. 39. — Prise de Bougie. (Tableau d'Horace Vernet.)

de cet échec diplomatique qui venait, si mal à propos, s'ajouter au demi-succès de Medeah, se répandit alors en plaintes si vives, qu'elles nécessitèrent son rappel en France.

Quelles que soient les fautes qu'il ait commises, ou plutôt les torts qu'on lui ait reprochés, Clausel laissa des regrets en Afrique ; il désirait le bien du pays et croyait en son avenir. Mieux aurait valu le maintenir. L'expérience acquise, la connaissance des besoins urgents, l'étude des nécessités locales auraient évité le retour des fautes commises ; on préféra le remplacer, et aucun de ses premiers successeurs ne fut à la hauteur de la tâche.

Il est vrai que le vague des idées, le tiraillement des volontés, la contradiction des projets, qui formaient alors comme le fond de la politique gouvernementale à propos de l'Algérie, se reflètent dans l'extrême mobilité dont est marqué le choix des gouverneurs. Jusqu'au 10 août 1835, époque à laquelle Clausel est de nouveau envoyé en Afrique, cinq personnages différents administrent le pays : Berthezène pendant près d'un an, du 21 février 1831 au 7 janvier 1832 ; Savary de Rovigo pendant quatorze mois, de janvier 1832 à mars 1833 ; Avizard pendant deux mois ; Voirol pendant quinze mois, jusqu'au 27 juillet 1834 ; et Drouet d'Erlon, jusqu'au 8 juillet 1835. Naturellement, chacun de ces généraux arrivait avec des idées particulières qu'il cherchait à faire prévaloir. Le fil de la tradition était sans cesse rompu. Aussi l'histoire de l'Algérie pendant ces cinq années présente-t-elle un confus entassement d'expéditions avortées, de projets abandonnés aussitôt que conçus, de décisions contradictoires et de fautes provenant de notre ignorance et de notre indécision.

Qu'il nous suffise de rappeler à grands traits les résultats obtenus, sans insister sur les moyens employés.

En premier lieu, notre domination s'affermit, et les indigènes s'habituèrent à nous considérer comme les légiti-

Fig. 40. — Prise de Bône. (Tableau d'Horace Vernet.)

mes possesseurs du pays. Malgré la résistance des Hadjoutes, la Metidja fut définitivement occupée. Oran et Mostaganem reçurent des garnisons françaises, et les deux tribus arabes des Douairs et des Smélas devinrent nos fidèles alliées. Bône et Bougie furent reprises et réoccupées. Peu à peu s'étendait notre cercle d'influence. Si, pendant cette période, nos relations avec les populations prirent une extension qu'elles n'avaient pas eue jusque-là, si nous fûmes à portée de mieux étudier leur caractère et de réunir sur elles des renseignements précis, ces progrès tiennent à la création des bureaux arabes et à celle des corps auxiliaires.

On appela *bureau arabe* une institution destinée à nous mettre en rapport avec les Algériens, non plus par l'intermédiaire d'interprètes ou peu sûrs ou méprisés, mais grâce à nos officiers, initiés à la langue du pays et chargés de veiller à ses besoins. Ce fut en 1832 que le général Trézel, chef d'état-major du corps d'occupation, organisa ces bureaux. Le premier chef fut la Moricière. Il était difficile de faire un meilleur choix. La Moricière avait de l'audace, de la résolution, il était plein de ressources et animé de la généreuse intention de rendre service à son pays. Ces bureaux arabes nous furent très utiles.

La seconde création fut celle du corps des *zouaves*, appelé à une si haute réputation militaire. Bourmont avait eu la pensée d'enrôler des indigènes dans l'armée française et de leur donner pour chefs des officiers français. Il n'avait pas eu le temps de les organiser. Clausel s'en chargea. Les premiers zouaves furent des Kabyles de la province de Constantine, véritables mercenaires, habitués, comme jadis les Suisses, à se vendre au plus offrant. Ils acceptèrent nos offres et devinrent le noyau de ces fameuses bandes qui devaient s'illustrer sur des champs de bataille si différents. Plus tard la proportion des indigènes diminua : les zouaves, avec le temps, ne gardèrent même de leur origine que le nom et l'uniforme ; mais, dans les premières

Fig. 41. — Zouave.

années de l'occupation, tout ce qu'il y avait parmi les indigènes d'esprits ardents et aventureux se firent un honneur de grossir les rangs de ce corps d'élite. Avec une pareille troupe bien conduite, on devait faire et on fit des prodiges.

Un second avantage de notre séjour en Algérie fut que, peu à peu, à l'école des faits et de l'expérience, se forma toute une génération d'officiers, d'administrateurs, de diplomates, qui commencèrent à connaître et à organiser le pays. L'Algérie ne fut pas seulement un champ de manœuvres et une école de guerre, mais plus encore une matière d'études presque inépuisable, qui fournissait l'occasion de comprendre des idées, une civilisation et une société différentes des nôtres. Alors commencent à figurer sur les bulletins les noms de Duvivier, Changarnier, Bedeau, Cavaignac, tous intelligents et braves, sans opinions préconçues, qui observaient et savaient plier la routine aux exigences de la situation.

La dernière conséquence de ces premières années de domination fut qu'on s'habitua à considérer l'Algérie non plus comme une terre conquise, mais aussi comme un pays à coloniser. Ces idées, il est vrai, ne pénétrèrent que lentement dans les esprits, car il existait alors, et peut-être existe-t-il encore aujourd'hui, des Français, ou ignorants ou naïfs, qui s'imaginaient que la langue et les institutions françaises devaient être adoptées partout où se déployait le drapeau national. Ce lieu commun théorique, si cher à la paresse, puisqu'il s'applique à toutes les circonstances et dispense de toute réflexion, peut entraîner de graves conséquences. En effet, tant que l'Algérie fut gouvernée par des généraux qui arrivaient avec la routine de leurs préjugés, toute tentative d'organisation sérieuse fut impossible. Il fallait détruire ou être détruit, refouler, c'est-à-dire exterminer les indigènes, ou être expulsé par eux.

Par bonheur, d'autres principes prévalurent. On comprit qu'en gouvernant les Algériens d'une manière conforme à leur génie national, au lieu de leur imposer une civilisation factice, on obtiendrait des succès plus durables. Le système de l'assimilation progressive fut, en un mot, préféré au système de refoulement. Sans doute ces principes ne pénétrèrent que lentement dans les esprits, et ils soulèvent encore, même à l'heure actuelle, d'ardentes contradictions. Il n'en est pas moins vrai que, le jour où ils seront résolument appliqués, l'Algérie deviendra la France nouvelle.

Ainsi beaucoup de mal, et un peu de bien ; de nombreuses erreurs, mais quelques créations heureuses; des tâtonnements regrettables, mais parfois de l'énergie et de la décision, tel est le bilan de notre administration pendant ces premières années.

V.

PRISE DE CONSTANTINE.

La province de Constantine et Constantine. — Le bey Ahmed. — Première expédition contre Constantine. — La retraite. — Préparatifs de la seconde expédition. — Le siège. — Prise de Constantine.

Des quatre provinces sur lesquelles, en 1830, avant notre arrivée, le dey Hussein étendait son autorité, la plus riche et la plus importante était celle de Constantine.

Bornée au nord par la Méditerranée, à l'ouest par le Jurjura et la région des Chotts, à l'est par la régence de Tunis, au sud par le grand désert, elle est traversée par de hautes montagnes qui en font comme une Suisse africaine : d'abord le Jurjura, qui longe le littoral, et dont les contreforts abrupts et couverts de bois constituent la meilleure des défenses ; en seconde ligne, le petit Atlas ; en troisième ligne, mais déjà beaucoup plus au sud, le mont Aurès, enfin les versants de l'Oued-Djedi et les plaines de Biskra. Ces quatre chaînes sont à peu près parallèles entre elles ; ce sont des remparts naturels derrière lesquels des hommes déterminés pourraient prolonger la résistance. Plus loin commence le désert. La majeure partie des rivières qui sillonnent cette riche province ont leur embouchure dans la Méditerranée : ce sont le cours supérieur de la Medjerda, l'Oued-el-Kebir, le Seybouse, le Safsaf, et le Rummel. Les autres se perdent dans le sable des déserts, comme l'Oued-Djedi.

Le beylik de Constantine était divisé en une infinité de circonscriptions qui n'avaient pas conservé, comme dans les deux autres, le nom d'*arch* ou tribu, mais qui prenaient celui d'*enjone* ou grande tribu. On y trouvait, en outre, plusieurs villes, centres de population et de relations commerciales fort importantes : sur le littoral, Bougie, Djigelli, Collo, Stora, Bône, la Calle ; à l'intérieur, Constantine, Sétif, Zamora, Biskra ; dans le désert, Tuggurt et Ouargla. La plus curieuse et la plus importante de ces villes était Constantine. Ainsi que l'écrivait le duc d'Orléans, « c'est un de ces lieux privilégiés de la nature, voués comme certains hommes ou certaines nations à une destinée qui s'accomplit d'une manière constante et immuable à travers les siècles, malgré les transformations du sol et les révolutions des peuples. »

Ce rocher inaccessible fut toujours l'asile des tyrans et des défenseurs de l'Afrique. La Cirta des Numides et des Romains, la Constantine des Grecs, des Vandales et des Arabes a bravé des armées, vaincues à l'avance, en été par le manque d'eau, en hiver par le manque de bois. C'est la digne capitale du pays environnant ; elle en a la rudesse sauvage, mais aussi la beauté pittoresque.

Qu'on se figure un plateau en forme de quadrilatère, exactement orienté sur les quatre points cardinaux, dont la plus grande hauteur à l'angle nord-est est de 640 mètres, et la moindre à l'angle sud-ouest, de 530 mètres. Il est isolé de toutes parts, sauf à l'ouest, par des rochers à pic, au pied desquels coule le Rummel, fleuve capricieux, qui tantôt bondit en cascades par-dessus les rochers, tantôt s'enfonce dans de vastes cavernes pour reparaître quelques pas plus loin. L'air est vif et pur sur ces hauteurs. Des inscriptions tumulaires mentionnent des vieillards morts à 115 et même 120 ans. Constantine n'est pas seulement, comme l'appellent les Arabes, une cité aérienne, « mais aussi une cité souterraine. Ses défenses naturelles ont fait d'elle un refuge, un centre militaire, une capitale politique. Sa position au milieu d'une campagne fertile la désignait pour être une place commerciale de premier ordre. Ses caves nombreuses, commodes et fraîches, propres à conserver toute espèce de denrées, lui ont permis de jouer ce second rôle avec avantage. C'est à la fois une forteresse et un réservoir. » (CLAMAGERAN.)

Constantine était, en outre, une capitale religieuse et littéraire. Les décisions de ses ulémas faisaient autorité, et de nombreux étudiants puisaient à ses vingt-cinq écoles la science et le fanatisme qu'ils répandaient ensuite dans tout le pays. On y honorait les savants ; on y recherchait les livres ; ses habitants assurent qu'il y avait dans la ville, à notre arrivée, dix-sept bibliothèques particulières renfermant environ 14,000 volumes. D'après un dicton arabe, Constantine inventait, Alger perfectionnait, Oran gâtait.

Depuis sept années, bravait notre pouvoir et compromettait notre avenir politique le chef de cette ville, un adversaire redoutable auquel on avait eu le tort de ne pas faire assez attention. Il se nommait Ahmed. Fils d'un janissaire turc nommé Mohammed et d'une femme arabe du désert, il appartenait à la race des Koulouglis, c'est-à-dire des Algériens issus du croisement des Turcs et des Arabes. Encore enfant, il avait connu l'adversité : son père avait été étranglé par ordre du bey de Constantine, et sa mère avait fui avec lui dans le désert. Dans sa jeunesse, il voyagea, se rendit à Constantinople, puis à la Mecque, d'où il rapporta le titre sacré de hadji (pèlerin), et, quand il revint en Algérie, ne tarda pas à y jouer un rôle prépondérant. Il excita même la jalousie du nouveau bey de Constantine, qui le fit venir auprès de lui et allait ordonner sa mort, lorsque, prévenu à temps, il se laissa glisser le long des pentes escarpées qui conduisent au Rummel et s'enfuit à Alger. Le dey Hussein l'accueillit avec plaisir et le nomma en 1826 bey de Constantine.

Ahmed fut un affreux tyran, ne reculant devant la satisfaction d'aucun de ses caprices, se croyant tout permis et se permettant tout.

Ses sujets étaient les jouets de sa férocité ; sous prétexte

Fig. 42. — Cascades de Sidi-Mecid ; le Rummel à Constantine.

de bien gouverner, il les massacrait systématiquement Quand une condamnation à mort était prononcée, les victimes étaient conduites à la *driba*, ou maison du supplice, où, suivant leur rang, elles étaient étranglées ou décapitées. On jetait ensuite leurs cadavres dans un puits profond qui se trouvait au milieu. Rien n'était plus fréquent que ces tueries, ordonnées souvent par caprice. Le plus singulier, c'est qu'il se soit trouvé des Français, sinon pour louer, du moins pour excuser les caprices sanguinaires de ce tyran, qu'on eût dit le contemporain d'un Denys de Sicile ou d'un Caligula.

Tel était l'adversaire contre lequel Clausel, créé maréchal le 30 juillet 1831, venait en 1835 de se décider à conduire une armée.

Nous n'avions pas alors, dans toute l'ancienne régence, d'ennemi plus déterminé et plus dangereux. Dès les premiers jours de notre occupation, il s'était prononcé avec énergie contre la France. Avant la signature de la capitulation d'Alger, il essaya de persuader au dey Hussein de le suivre à Constantine avec ses trésors; Hussein refusa et fit bien. Son gendre Ibrahim, qui se montra plus confiant, eut lieu de s'en repentir, car le perfide bey le renvoya, dès qu'il l'eut mis en possession d'une somme d'argent considérable, cachée dans la maison de campagne du dey, et reprit, avec les débris de ses troupes, la route de Constantine. Il en trouva les portes fermées. La garnison avait proclamé sa déchéance et installé à sa place un Turc nommé Kuchuck-Ali. Ahmed ne se déconcerta pas. Il sut se créer un parti parmi les Kabyles et se ménager des intelligences dans la place; aussi parvint-il, sans trop de peine, à se défaire de son rival momentané.

Une fois réintégré dans le pouvoir, son premier soin fut de se défaire de la milice turque, dont il redoutait les prétentions et l'inconstance. Il l'envoya parmi les tribus du désert par petits détachements qui furent successivement massacrés. Il fit ensuite périr, les uns après les autres, les Turcs fixés à Constantine qui lui portaient ombrage par leurs richesses ou leur influence, et, désormais rassuré contre toute velléité d'opposition, exerça la plus intolérable des tyrannies.

Afin de mieux assurer sa puissance, il s'entoura de nègres et d'Arabes du désert, que l'éloignement de leur pays, la différence de leurs mœurs et de leur origine, rendaient pour ainsi dire étrangers au milieu de la population. Aussi agissaient-ils comme en pays conquis, et, quand le maître avait ordonné d'exterminer, ils exterminaient. Grâce à eux et à la terreur qu'il inspirait, Ahmed put braver la France pendant sept années et se croire à peu près inattaquable dans ses montagnes. Ne régnait-il pas sur près de deux millions de sujets faciles à gouverner? N'était-il pas soutenu par la Turquie, qui venait de lui conférer le litre de pacha? La Tunisie n'assurait-elle pas ses approvisionnements? Son pouvoir déjà ancien n'était-il pas appuyé par des mercenaires braves et dévoués? Ahmed était donc un adversaire sérieux, et la France, en lui déclarant la guerre, engageait une partie décisive, de l'issue de laquelle allait dépendre notre domination future ou notre échec définitif en Algérie.

Le maréchal Clausel était un homme d'exécution et de jugement. Il ne se dissimulait aucune des difficultés de la tâche entreprise, mais se sentait de taille à les surmonter. Il aurait seulement désiré être soutenu par la France, et ne le fut pas. Ce fut une faute et un malheur.

L'expédition de Constantine s'imposait comme une nécessité. Tant qu'un lieutenant d'Hussein nous disputerait la possession de la partie la plus importante de l'ancienne régence, nous n'avions pas le droit même de nous considérer comme installés sur le territoire africain. La nombreuse population du beylik, l'étendue et la richesse de son territoire, ses faciles relations avec la régence de Tunis, enfin et surtout la docilité traditionnelle de ses habitants, le rendaient bien supérieur à ceux de Tittery et d'Oran. Aussi bien les Algériens commençaient à s'étonner que la France laissât Ahmed exercer en paix un pouvoir qui aurait dû tomber avec celui d'Hussein. Plusieurs tribus, exaspérées par les cruautés et les exactions du bey, demandaient vengeance ; on pouvait compter sur leur concours et aussi sur la neutralité de la plupart des autres. En un mot, la soumission de la province semblait assurée, si nous ne restions pas toujours comme attachés au rivage et trop éloignés de nos alliés de l'intérieur pour les secourir efficacement.

Le maréchal Clausel eut l'art de présenter ces considérations avec sa vivacité et son entrain habituels, et obtint l'assentiment général. L'expédition de Constantine fut donc résolue en principe, et le maréchal s'occupa tout de suite de la préparer. Il commit au début une grave faute, celle de nommer bey de Constantine un aventurier que nos premiers succès avaient rallié à notre cause.

Yousouf, soldat de fortune, qui ne connaissait même pas son origine, et qu'une intrigue de sérail avait jeté en Algérie, était un homme de résolution et d'ambition. Il avait persuadé à Clausel qu'il avait de nombreuses intelligences à Constantine et qu'une démonstration militaire suffirait pour déterminer un mouvement en sa faveur. Ses pouvoirs n'avaient pas été assez nettement définis. Sans doute, en lui laissant le soin de se faire reconnaître par ses partisans, on s'épargnait les soucis de la conquête et les embarras de la protection, mais on tolérait des actes que n'admettait plus notre droit public, et on perpétuait un état de choses que tôt ou tard il faudrait renverser.

D'ailleurs, Yousouf ne justifia en rien la faveur et le choix dont il avait été l'objet. Il adopta les mesures violentes et arbitraires des beys turcs, et ne réussit qu'à nous aliéner les tribus voisines. Aucune des espérances

Fig. 43. — Vue de Constantine.

qu'on fondait sur son concours ne se réalisa. Pourtant, jusqu'à la dernière heure, Clausel et Yousouf persistèrent dans leurs illusions : Clausel croyait sérieusement qu'il suffisait presque de marcher sur Constantine pour nous en assurer la possession; Yousouf, soit ignorance, soit présomption, ne cessa de répéter qu'au premier signal Ahmed serait renversé. C'était une grave erreur, et ce ne fut pas la seule.

Le maréchal, en effet, ne sut pas ou ne voulut pas réunir des troupes en nombre suffisant pour une expédition aussi importante. Il avait présenté à Paris un plan d'occupation générale de l'Algérie, plan qui n'avait pas été adopté. Le ministère Thiers, avec lequel il s'était concerté et sur lequel il comptait, venait d'être renversé (6 septembre 1836), et le nouveau ministre de la guerre, le général Bernard, esprit froid, calculateur, réservé dans ses actes, crut devoir différer l'envoi des renforts promis, et même discuta avec Clausel le plus ou moins d'efficacité de ses plans de campagne.

De part et d'autre, il y eut manque de décision : le ministère aurait dû contremander une expédition qu'il désapprouvait, mais il n'osa pas le faire; le maréchal, qui n'avait pas reçu les renforts promis, aurait dû reconnaître que l'effectif nécessaire lui manquait et ajourner une campagne mal préparée. Mieux aurait valu pour lui, puisqu'il n'était plus en communion d'idées avec le ministère, donner sa démission. Il ne le fit pas, parce qu'il se crut obligé de continuer ce qu'il avait annoncé à grand fracas. C'était courir au-devant d'un échec certain. A mesure que ce projet l'absorba davantage, l'ardeur de son imagination et le besoin qu'il avait du succès lui firent prendre pour des réalités les difficultés, ou pour mieux dire, les impossibilités sur lesquelles reposait son plan.

Les sages conseils ne lui manquèrent pas. Ses meilleurs amis l'engageaient à ne pas se lancer dans cette folle aventure ; le maréchal répondit qu'il ferait pour le mieux et comptait sur sa bonne étoile. C'était la seule garantie de succès qu'il pût donner, car l'état insuffisant de ses ressources et la situation du pays condamnaient également cette résolution extrême.

Bône fut assignée comme rendez-vous général à l'armée en formation.

C'est dans cette ville étroite et infecte que s'entassèrent 9,000 soldats fatigués par une longue traversée, et éprouvés, avant d'entrer en campagne, par les fatigues et les privatious. Les éléments, ces dangereux ennemis, auxquels l'illustre Doria ne reconnaissait que trois vainqueurs, mai, juin et juillet, furent contraires. A des pluies torrentielles, qui tombèrent jusqu'au 10 octobre, succédèrent, pendant plusieurs jours, les ardeurs d'un soleil torride. Cette chaleur inopportune développa les germes de maladie déjà inoculés à nos malheureux soldats ; 2,000 d'entre eux furent atteints par les fièvres. Ils les combattirent en prenant avec excès du sulfate de quinine, dont on leur faisait des distributions pour ainsi dire quotidiennes, et plusieurs centaines d'entre eux payèrent de la vie la fatale imprévoyance de leurs chefs.

Lorsque Clausel arriva en personne à Bône, le 31 octobre 1836, rien n'était prêt, ou plutôt tout était désorganisé : les vivres manquaient ; les moyens de transport se réduisaient à 475 mulets de bât, les munitions n'étaient pas arrivées, ou avariées par l'humidité persistante. Les alliés promis n'avaient pas paru, et déjà de nombreuses tribus occupaient la plaine, surveillant nos avant-postes, égorgeant nos traînards, et respirant un farouche enthousiasme pour le tyran qui avait arboré le drapeau de l'indépendance nationale.

Tout manquait à la fois. Certes, de plus audacieux

auraient reculé, et auraient bien fait de reculer. Le maréchal n'y songea même pas. Bien que malade lui-même, il crut qu'un mouvement en avant lui rendrait la santé et l'espérance. Il compta comme une certitude la reddition volontaire de Constantine, et, bien que dépourvu de ressources pour assiéger la place, il agit comme s'il en eût déjà tenu les clefs. Il se réfugiait sur le champ de bataille comme sur son terrain naturel, espérant couvrir par des succès militaires les fautes commises sur le terrain politique

Le 8 novembre, le corps expéditionnaire se mettait en marche. Il ne comptait plus que 7,270 hommes de toutes armes et 1,356 indigènes, en tout 8,626 rationnaires. Il fallait ou aller vite ou frapper fort ; on devait, par conséquent, choisir entre la légèreté de la colonne et la puissance de l'artillerie. On ne fit ni l'un ni l'autre. La colonne était trop lourde et l'artillerie pas assez puissante, c'est-à-dire qu'on courait à sa perte.

Les soldats avaient à franchir une quarantaine de lieues à travers des montagnes sans chemin, des torrents sans pont et des terres détrempées : or ils se courbaient sous le poids de 60 cartouches et de 7 jours de vivres. Comme ils se berçaient, ainsi que leurs chefs, de l'espoir d'une course pacifique, il était bien probable qu'ils allégeraient leur fatigue en diminuant au plus vite leurs provisions. On n'avait donc réussi qu'à alourdir leur marche sans assurer leur alimentation.

Quant à l'artillerie, on n'emmenait qu'une batterie de 8, impuissante à ouvrir une brèche et gênante dans la marche ; de plus, 4 obusiers et 6 pièces de montagne, en tout 18 pièces, n'ayant en tout que 1,382 coups à tirer; en outre, 36 fusils de rempart, n'ayant chacun que 6 coups à tirer, et 200 fusées de guerre déjà trop vieilles, car, la routine bureaucratique ne permettant de tirer ces artifices que par ordre d'ancienneté, leur tour n'arrivait que lorsqu'ils étaient éventés ou compromis. Pour le service du train, 328 animaux fatigués, en Algérie depuis la conquête. Aucun équipage de pont. A peine des ambulances, et c'était une armée de fiévreux qui allait attaquer

Fig. 44. — Plan de Constantine.

la forteresse algérienne, ayant contre elle la distance, la fatigue, la famine, la maladie, la politique, en un mot toutes les chances militaires. C'était peut-être assez pour un coup de main heureux ; c'était trop peu pour une expédition sérieuse contre un ennemi résolu.

Le 10 novembre 1836, l'armée arriva à Guelma. Elle y fut surprise par un orage terrible, accompagné d'une pluie torrentielle. Jusqu'au 21 du même mois, le mauvais temps continua. Ce fut une rude épreuve pour nos soldats. Ils eurent à souffrir de l'absence des routes, des torrents débordés, des cours d'eau qu'il fallut traverser à gué, et aussi d'un froid glacial, qui augmentait à mesure qu'ils gravissaient ces plateaux élevés, où ils ne pouvaient faire cuire leurs aliments à cause du manque absolu de bois. On avança au prix de bien des difficultés, et en marquant chaque étape par des cadavres.

Le 21 novembre, après treize heures d'obscurité, l'armée aperçut enfin, à travers une éclaircie, un amas de maisons blanches, qui semblaient suspendues dans les airs comme une aire de vautours. C'était Constantine, c'était la terre promise; mais combien peu devaient y entrer!

Trompés par cette apparition fantastique, nos soldats coururent dans la direction indiquée. Ils parvinrent jusqu'à un torrent de neige fondue qui charriait des quartiers de roc. Les premiers qui s'aventurèrent dans cette avalanche liquide furent blessés ou noyés. Quelques cavaliers se dévouèrent : ils entrèrent dans l'eau avec leurs montures afin de rompre l'impétuosité des vagues, et c'est ainsi que l'armée, homme par homme, voiture par voiture, réussit à franchir ce dernier obstacle.

Quel accueil allait-on recevoir?

Ce n'était pas seulement la gloire du maréchal qui était en question, mais aussi le salut de ces soldats grelottant de froid, mourant de faim, qui allaient trouver la fin de tant de maux ou se heurter à la nécessité d'un siège impossible. Impatient de savoir à quoi s'en tenir, Clausel pressa son cheval, et, avec une faible escorte, arriva sur le plateau de Mansourah, espérant qu'on allait lui apporter les clefs de la ville. Aucun être vivant n'y apparaissait. Un silence solennel régnait : on eût dit une cité endormie.

Soudain un coup de canon a retenti. Aussitôt le drapeau rouge est arboré sur les remparts; les *muezzins,* du haut des minarets, appellent à la prière les femmes et les enfants, aux armes les hommes valides, et bientôt un fourmillement confus annonce la résistance de toute la population. Au même moment, la crête des montagnes voisines est couronnée par des milliers d'Arabes. C'est Ahmed-Bey qui accourt pour aider les assiégés par une puissante diversion.

Ainsi se trouvait brisée la dernière illusion. Yousouf s'était trompé : nul à Constantine ne songeait à se rendre. C'était un siège à essayer sans la moindre chance de succès. Sans se laisser abattre par cette effroyable déception, Clausel envisagea froidement la situation, et se décida sur-le-champ à tenter contre Constantine un coup de main qui seul pouvait le sauver, lui et son armée.

Au sud, au nord et à l'est, Constantine est entourée par un ravin profond, à berges escarpées, au fond duquel coule le Rummel. Un pont en pierre, de construction romaine, jeté sur ce torrent, fait communiquer la ville avec le plateau de Mansourah. C'est par ce plateau qu'arrivait l'armée française, mais il ne fallait pas songer à attaquer la ville par aucun de ces trois côtés. Il eût été par trop facile aux défenseurs de la place de faire sauter le pont romain, et, dès lors, quels soldats auraient pu gravir les escarpements du Rummel, c'est-à-dire des rochers plus hauts que les plus hautes falaises de Normandie?

Restait le quatrième côté, celui de l'ouest : c'est par là, par un isthme étroit nommé par les indigènes Coudiat-Aty, que Constantine se rattache à la terre; mais cette face de la ville, large tout au plus de 600 mètres, était hérissée d'obstacles artificiels, défendue par de nombreuses batteries, aussi imprenable, en un mot, que pouvait l'être une fortification élevée par les hommes.

Pourtant il n'y avait pas à hésiter : il fallait emporter

Coudiat-Aty ou périr. Clausel le comprit tout de suite; mais il n'avait plus sous la main que 3,000 combattants environ, pas de grosse artillerie, pas de vivres, presque pas de munitions. Il ne pouvait même pas investir la place, c'est-à-dire qu'il était privé de la première ressource des assiégeants, surtout avec des Arabes, qui ne se battent qu'avec une retraite assurée, et qu'il ne pouvait compter sur la seconde, c'est-à-dire sur une artillerie suffisante pour ouvrir une brèche dans les murailles.

Le maréchal, sans même attendre que tous ses soldats l'eussent rejoint, envoya un de ses lieutenants, de Rigny, l'autre était Trézel, s'emparer de Coudiat-Aty, pendant que lui-même restait sur la Mansourah. Le mouvement était bien combiné et fut exécuté avec entrain, mais le terrain était si mauvais et le passage du Rummel si difficile, qu'il fut impossible de transporter les pièces de 8. Le général de Rigny fut réduit à des obusiers de montagne, arme trop faible pour battre les remparts. Il réussit néanmoins à faire tomber les ouvrages extérieurs, et à s'établir fortement en face des murailles de Coudiat-Aty.

Dans la journée du 22, le maréchal fit canonner la porte d'El-Kantara, celle qui de la Mansourah conduit à Constantine en passant par le pont romain. Vers le soir, quelques soldats du génie, en s'approchant des remparts, réussirent à faire sauter cette porte; mais, plus en arrière, ils en trouvèrent une seconde, complètement intacte, qu'il s'agissait d'enfoncer au moyen d'un pétard. Cette opération fut remise au lendemain. L'armée avait tellement souffert qu'elle commençait à se démoraliser; des tonneaux d'eau-de-vie avaient été pillés et défoncés.

Le 23 devait être la journée décisive.

Dès le matin, les canons de la Mansourah recommencèrent le feu contre la porte d'El-Kantara; vers le milieu de la journée, on dut le suspendre pour repousser une attaque que les Arabes campés hors la ville dirigèrent simultanément contre Coudiat-Aty et la Mansourah. Cette double attaque fut repoussée ; mais nos munitions s'épuisaient, nous n'avions plus de vivres. Un siège régulier était impossible. Il fallait brusquer un assaut ou battre en retraite. Clausel ordonna de tenter un dernier effort, et d'attaquer à la fois Coudiat-Aty et El-Kantara.

Fig. 45. — Première attaque de Constantine. Le pont romain. (Tableau de Siméon Fort.)

A minuit, les deux colonnes s'ébranlent. La première, commandée par le général Trézel, s'engage sur le pont. Signalée aux ennemis par un rayon de lune, elle est accueillie par une décharge meurtrière. Trézel tombe blessé, les sapeurs du génie sont décimés, bientôt le désordre est général, et il n'y a plus qu'à battre en retraite. Même insuccès à Coudiat-Aty. Il s'agissait, là encore, d'enfoncer une des portes qui conduisent au plateau. De même qu'à Mansourah, les mineurs qui portent les fougasses tombent sous les balles de l'ennemi et couvrent les sacs à poudre de leurs cadavres. Un bataillon accourt pour les protéger, et il s'avance avec tant de hâte qu'il augmente l'encombrement. On cherche à enfoncer la porte à coups d'obusier, puis avec la hache, jusqu'à ce que, voyant qu'il perd inutilement du monde, Duvivier, qui commandait l'attaque, ordonne la retraite ; 33 tués et 79 blessés marquaient au pied du rempart intact la vaillance de nos hommes.

Les deux attaques avaient échoué. Il était trois heures du matin. « Tout à coup, au milieu du silence profond qui avait succédé au bruit du canon, les nôtres entendirent des voix mâles et vibrantes qui, sur tous les points des remparts, entonnaient des chants d'un caractère grave et religieux. C'étaient les défenseurs de la ville qui, après avoir victorieusement repoussé nos colonnes, faisaient la prière. Dans l'accent de ces voix où frémissaient encore l'émotion du combat et la joie de la victoire, il y avait quelque chose d'inexprimable, que n'oublieront jamais ceux qui les ont entendues. » (NETTEMENT.)

Il ne restait plus que 15 livres de poudre, et plus de vivres. Après ce dernier effort, tenté plus encore pour l'honneur du drapeau que pour un succès impossible, le maréchal n'avait plus qu'un devoir à remplir, celui de sauver les débris du corps expéditionnaire.

A quatre heures du matin, dans cette même nuit du 23 novembre, commença la retraite. Les premiers ordres furent donnés avec une regrettable précipitation. Sans doute, il était difficile de conduire à travers un pays difficile, en présence d'un ennemi nombreux et féroce, une armée humiliée, démoralisée et dénuée de ressources ; mais n'allait-on pas trop loin en détruisant tout le matériel, en précipitant dans les ravins tentes, bagages et caissons d'artillerie, en abandonnant même des prolonges chargées de blessés ? Il est vrai que le maréchal répara tout par son énergie. Il prit les dispositions nécessaires pour rallier tous ses hommes et ne s'éloigner de Constantine qu'avec sa petite armée serrée autour de lui.

Il fallait d'abord que le détachement de Coudiat-Aty regagnât, sous le feu de la place, le gros de l'armée, campé à la Mansourah. Cette difficile opération s'exécuta non sans d'héroïques efforts. Officiers et soldats s'attelèrent à

Fig. 46. — Le commandant Changarnier.

leurs pièces pour leur faire franchir le Rummel. Le mouvement de retraite était à peine commencé que les assiégés sortirent en masse de la ville. Ils furent repoussés, mais tinrent la campagne et commencèrent contre nos troupes une série d'engagements qui devaient nous être bien funestes.

Au moment où le jour se levait, toute l'armée se trouvait enfin réunie sur le plateau de Mansourah.

A huit heures du matin, fut donné le signal du départ. Au 2e régiment d'infanterie légère avait été confié le poste d'honneur, l'arrière-garde. Lentement, péniblement, à travers ces chemins effondrés s'avançaient nos soldats. A droite et à gauche, en tête et en queue, tourbillonnaient les cavaliers d'Ahmed ou les fantassins du principal de ses lieutenants, Ben-Aïssa, à peine contenus par nos tirailleurs, et guettant le moment propice pour rompre la colonne.

Ce fut à une de ces heures critiques que le commandant Changarnier sauva l'armée par sa bravoure et son sang-froid. Il n'avait avec lui que 300 hommes. La ligne des tirailleurs venait d'être enfoncée et en partie sabrée. Changarnier arrête sa petite troupe, la forme en carré, et d'une voix vibrante : « Allons, mes amis, » dit-il, « voyons ces gens-là en face. Ils sont 6,000, et vous êtes 300; vous voyez bien que la partie est égale ! »

Les soldats auxquels il s'adressait étaient dignes d'un tel chef. Ils laissèrent s'approcher l'ennemi jusqu'à portée de pistolet, et un feu bien nourri joncha de morts trois des faces du carré. Aussitôt ils s'élancent en avant, tuent à la baïonnette les cavaliers démontés et repoussent les assaillants jusqu'à Constantine. Ils venaient de sauver l'armée, car le massacre de l'arrière-garde au début de la retraite aurait entraîné celui de tous leurs camarades.

Pendant que le 2e léger arrêtait ainsi l'ennemi, Clausel, qui retrouvait ses grandes qualités militaires dans les circonstances périlleuses, remettait de l'ordre dans la colonne et prenait toutes les précautions nécessaires, avec autant de présence d'esprit que d'énergie. La retraite fut néanmoins terrible. Sans la présence du soleil sur l'horizon, dont les rayons bienfaisants empêchèrent que l'armée entière ne pérît dans la boue, la retraite devenait un désastre. Aussi les soldats furent-ils heureux de le voir reparaître. « Enfoncé Mahomet ! » disaient-ils dans leur pittoresque langage, « c'est Jésus-Christ qui prend la semaine. »

Fig. 47. — Combat en avant de Somah. Changarnier et le 2e léger. (Tableau d'Horace Vernet.)

En quatre marches on arriva à Guelma. Ces quatre étapes furent faites presque sans halte ; les hommes furent parfois dix-huit heures en route, et constamment privés de feu. S'ils découvraient du grain égaré dans quelque silo, ils étaient réduits à le dévorer tout cru. Les ennemis suivaient toujours la colonne. N'avaient-ils pas deux pièces d'artillerie, qu'ils tiraient de dessus le dos d'un cheval ? « Cette impuissante artillerie eût été ridicule s'il y avait eu place pour le ridicule dans une aussi terrible tragédie. Le bruit sauvage de l'infernale musique du bey, qui répondait dans le lointain au tambour des tirailleurs battant lentement la retraite, semblait sonner le glas des morts à la colonne, qui avait moins l'aspect d'une armée que d'un convoi funèbre. » (Duc d'Orléans.)

En effet, les blessés et les malades étaient nombreux. Malgré les efforts que l'humanité inspirait à chacun, çà et là de pauvres soldats s'affaissaient sur leurs membres gelés et attendaient le coup du yatagan qui allait mettre un terme à leurs souffrances. Tous nos cavaliers valides avaient mis pied à terre, et marchaient à côté de leurs chevaux pliant sous le poids des éclopés. Le vénérable duc de Caraman, un volontaire de soixante-quinze ans, donnait l'exemple. Il ramassait les traînards, les chargeait lui-même sur son cheval, et les encourageait par ses saillies gauloises.

Malgré ces efforts généreux, bon nombre de nos soldats restèrent en arrière ; ils furent impitoyablement sacrifiés. Le bey n'avait-il pas promis 10 piastres par tête de Français ? Les femmes, par un raffinement de cruauté, furent chargées de cette hideuse besogne : d'une main mal exercée, et parfois avec de cyniques mutilations, elles égorgèrent ceux de nos malheureux troupiers que leur mauvaise fortune retint en arrière.

Dans une de ces longues heures de marche, Clausel, se laissant aller au pas de son cheval, se trouvait presque à l'avant-garde. Le général de Rigny, qui commandait l'arrière-garde, voyant des masses d'Arabes caracoler sur ses flancs, craignit d'être attaqué, et envoya en toute hâte prévenir le maréchal; il se permit même d'inconvenants propos, que les circonstances rendaient fort coupables. Clausel accourut en hâte, et, trouvant l'alerte peu justifiée, reprit la tête de la colonne. Son mécontentement s'accrut par le rapport qui lui fut fait des paroles échappées au général de Rigny. Il voulait d'abord le destituer, il se borna à le réprimander sévèrement dans un ordre du jour : « Honneur à votre courage, soldats! Vous avez supporté avec une admirable constance les souffrances les plus cruelles de la guerre. Un seul a montré de la faiblesse, mais on a eu le bon esprit de faire justice des propos imprudents ou coupables qui n'auraient pas dû sortir de sa bouche. Soldats, dans quelque position que nous nous trouvions ensemble, je vous en tirerai toujours avec honneur; recevez-en l'assurance de votre général en chef. »

Jamais, en effet, retraite ne fut ordonnée avec plus de sollicitude. On n'abandonnait une position qu'après en avoir occupé quelque autre qui la commandait de front ou d'écharpe. Les Arabes étaient contenus par des tirailleurs qu'appuyaient des réserves toujours prêtes à les recueillir. Aussi la marche de l'armée ne fut-elle jamais interrompue. Au défilé de Bou-Berda, qu'Ahmed occupait en personne, on crut à un combat sérieux, mais une simple démonstration dégagea la route; sans doute le bey craignait la furie de nos soldats désespérés.

A Guelma (28 novembre), l'armée retrouva du bois, des subsistances, des populations inoffensives et un autre climat, dont le contraste soudain fut encore une souffrance. Guelma n'avait été jusqu'alors qu'un embarras; Clausel songea à en faire un établissement sérieux qui servirait de point de départ pour la future expédition de Constantine. Le colonel Duvivier fut chargé d'organiser ce poste, et il y réussit. Au moins cette fâcheuse campagne se terminait-elle en facilitant une revanche nécessaire.

Diminués de moitié, épuisés par la misère et les privations, attaqués du matin au soir par un ennemi vainqueur, nos soldats avaient fait en bon ordre, et dans un pays sans chemin, une retraite de 40 lieues. Ils avaient ramené à Bône leurs drapeaux, leurs malades, leurs canons de campagne, et 2 étendards pris à l'ennemi. Il est vrai qu'ils étaient au bout de leurs forces : 700 hommes avaient déjà péri par le feu ou la misère, 288 blessés avaient été ramenés : 3,000 sur 6,000 entrèrent aux hôpitaux, et 1,200 d'entre eux pour ne plus en sortir. Les autres furent poursuivis par la fatalité. Un magasin à poudre, qui fit explosion à Bône, mutila encore 300 d'entre eux, et 108 expirèrent sur place. Plus de 2,000 hommes, plus du quart de l'effectif, payèrent de leur vie la mauvaise préparation de la campagne. L'imprévoyance, cette fois encore, avait été la cause principale de notre insuccès. Au moins l'honneur était-il sauf.

Le 4 décembre, le corps expéditionnaire fut dissous. Les régiments furent dirigés sur leurs garnisons respectives ou regagnèrent la France. Clausel les y précéda, pour calmer par sa présence les anxiétés de l'opinion publique et préparer sa revanche. On ne lui accorda pas cette satisfaction. Le 12 février 1837, Damrémont fut nommé à sa place gouverneur général de l'Algérie. Le coup fut rude pour le maréchal. Il exhala son mécontentement en termes amers, et crut devoir publier des mémoires justificatifs, qui, malheureusement pour lui, contiennent trop de récriminations et pas assez d'explications. Il aurait mieux fait d'appeler sur lui seul la responsabilité du revers : c'était l'unique moyen de revendiquer plus tard la gloire du succès.

L'échec de Constantine retentit douloureusement dans toute la France.

Ainsi que l'écrivait avec éloquence le duc d'Orléans :

Fig. 48. — Le colonel Duvivier.

« Heureuses les nations qui ressentent leurs malheurs plus vivement encore qu'elles ne jouissent de leurs triomphes !

Le souvenir amer des mauvais jours est souvent un excitant plus puissant pour le moral d'un peuple que l'exaltation produite par les gloires antérieures. Si la vengeance, comme dit un poète, est un plaisir pour les dieux, elle est un devoir pour les États, et c'est du sentiment de ce dernier que dépend leur grandeur. » L'injure avait été ressentie. Il s'agissait d'en effacer jusqu'au souvenir par une éclatante victoire.

Damrémont, le successeur de Clausel, était un des hommes qui connaissaient le mieux l'Algérie, où il combattait presque depuis 1830. Ferme, énergique, résolu, plein de prévoyance pour le bien-être matériel de ses hommes, il possédait la confiance de l'armée et allait la justifier par ses nouveaux services. Son premier soin fut de préparer et d'organiser l'expédition qui, de gré ou de force, devait planter le drapeau tricolore sur les murs de Constantine.

Cette expédition nouvelle s'imposait comme une nécessité; pourtant le ministère s'avisa de la retarder, sous prétexte de négociations. Était-ce ignorance de la situation, aveuglement politique, ou plutôt désir de plaire à une chambre des députés trop amoureuse de l'économie? Toujours est-il que ces négociations n'aboutirent pas et ne pouvaient pas aboutir. Les ministres supposèrent gratuitement qu'Ahmed consentirait à garder Constantine au nom et sous l'autorité directe de la France. C'était lui demander de faire, victorieux, ce qu'on n'aurait pu lui imposer après sa défaite. On se berça pourtant de cette illusion. Cette politique maladroite restreignait notre action en Afrique et rendait impossible notre domination future.

Les négociations n'amenèrent aucun résultat. Ahmed était à l'avance déterminé à repousser toute concession, et Damrémont n'agissait qu'à contre-cœur. Le bey semblait n'avoir accepté ces ouvertures que pour gagner du temps.

Peut-être espérait-il, dans l'intervalle, secouer l'apathie de son voisin de Tunis et, au besoin, recevoir des secours de Constantinople. Il espérait encore que la saison des pluies interdirait aux Français les approches de sa capitale. Damrémont ne se laissa pas prendre au piège, et bientôt il ne fallut plus songer qu'à la guerre.

Ahmed en donna lui-même le signal en venant attaquer

Fig. 49. — Vue générale de Guelma, en 1840.

à Guelma les troupes qui devaient former le noyau du corps expéditionnaire. Les 800 hommes du colonel Duvivier, entourés par des forces supérieures, furent un instant compromis, mais contre leur calme et leur héroïsme se brisa la fougue de leur adversaire. Ce brillant combat eut lieu le 16 juillet 1837. Il nous permettait de nous installer paisiblement à Guelma, d'en faire une place d'armes pour le personnel et le matériel, en même temps qu'un lieu de formation pour l'armée.

Du 21 au 23 septembre, avant que cette armée fût définitivement constituée, Ahmed essaya encore de nous débusquer de nos positions. Grâce à l'énergique défense de la Moricière, il fut une seconde fois repoussé, et dès lors réduit à la défensive. Ce n'étaient là que les préludes de l'action décisive. En effet, le corps expéditionnaire se formait pendant ce temps, mais avec lenteur, car les renforts attendus n'arrivaient pas, et la saison des pluies approchait.

Damrémont fit cesser toute hésitation en se portant de sa personne à Guelma pour y prendre le commandement de l'armée.

Dès lors on se mit résolument à l'œuvre, et, grâce aux mille ressources d'une civilisation puissante et d'un pouvoir fortement centralisé, on put arriver à l'heure. Les chefs les plus habiles et les plus éminents avaient demandé à faire partie de l'expédition. Bien que plus ancien en grade que Damrémont, Valée, l'inventeur d'un nouveau système dont la supériorité avait été maintes fois constatée, voulut prendre la direction de l'artillerie. Rohaut de Fleury fut placé à la tête du génie. Trézel, Rulhières, Combes et le jeune duc de Nemours commandaient les quatre brigades : 10,000 hommes étaient sous leurs ordres. Il en aurait fallu davantage, et on en espérait davantage, mais le choléra venait d'éclater. Un régiment, désigné pour prendre part au siège, fut arrêté à Bône par les règlements sanitaires. Si l'on attendait, le siège était remis à un an.

Bien que ce fût un pénible sacrifice que de se priver du concours de 2,000 hommes aguerris et pleins d'entrain, Damrémont donna l'ordre d'entrer en campagne sans le 12e de ligne, car la saison s'avançait, et le climat, au lieu d'être l'auxiliaire de l'attaque, allait bientôt devenir l'appui de la défense.

Pressé par la nécessité, et sans se faire aucune illusion sur les difficultés de l'entreprise, car il s'agissait cette fois de la domination française en Afrique, Damrémont se

Fig. 50. — Le maréchal Valée.

mit en marche le 1er octobre. La pluie commença aussitôt à tomber, et les soldats en furent très inquiets. Ils se rappelaient combien l'intempérie de la saison avait porté de préjudices au maréchal Clausel, et, bien que braves, ils se défiaient de l'avenir. Par bonheur, le temps se remit au beau. La gaieté reparut sur les visages, et la confiance échauffa tous les cœurs. Il n'y eut que la première journée de pénible, car le convoi s'allégeait au fur et à mesure qu'il avançait. D'ailleurs, les cavaliers d'Ahmed, au lieu de disputer à la colonne le chemin de Constantine, ne s'occupaient qu'à rendre son retour impossible, en détruisant les ressources du pays. La prévoyance du bey s'appliquait uniquement à la retraite éventuelle de nos troupes. Il devait apprendre à ses dépens qu'à la guerre il ne faut jamais escompter un succès futur aux dépens d'une chance présente.

Le 5 octobre 1837, au matin, l'armée aperçut Constantine, qui ressortait, éclairée cette fois par le soleil, sur un fond de couleurs harmonieusement disposées ; d'épais nuages vinrent bientôt s'amonceler sur cette ville fatale, et la pluie qui tombait à torrents confirma le nom de *camp de la boue*, que nos soldats, l'année précédente, avaient donné à ce même bivouac.

Constantine se montrait résolument hostile. A peine nos têtes de colonne furent-elles signalées, que d'énormes drapeaux rouges furent arborés. Les femmes poussaient des cris aigus, auxquels les défenseurs de la place répondaient par de mâles acclamations. Bientôt même une décharge habilement dirigée vint éclater au milieu de l'état-major, qui s'avançait sur le plateau de Mansourah : c'était le salut de la place. De part et d'autre, on était résolu à ne pas céder.

Ahmed avait utilisé le répit qu'on lui avait laissé pour augmenter ses moyens de résistance : grâce à lui, Constantine était devenu réellement formidable.

Son fidèle lieutenant, Ben-Aïssa, avait mis à profit les leçons du premier siège, en fortifiant tous les points faibles. La porte d'El-Kantara avait été murée, et surmontée d'une batterie couverte et de deux étages de feux. L'escarpement du rocher, sur lequel est bâtie la ville, avait été couronné d'un mur crénelé. La kasbah avait été convertie en une imposante citadelle. A Coudiat-Aty, le point vulnérable de la place, les obstacles avaient été accumulés comme à plaisir : parapets, murs intérieurs, maisons bâties en amphithéâtre, tout avait été crénelé de manière à permettre plusieurs étages de feux. Les abords avaient été soigneusement rasés.

Si, par malheur, Ben-Aïssa avait écouté les conseils de quelques traîtres, renégats ou aventuriers européens, qui avaient associé leur fortune à la sienne, et coupé, par un fossé, l'isthme étroit par lequel Constantine communique avec le continent, certes la place était imprenable. Dominé par sa méfiance, il n'écouta que ses propres inspirations, car il ne comptait que sur lui et sur la garnison. Sans parler de 1,500 soldats réguliers, il avait organisé une milice urbaine d'environ 2,000 hommes. L'élite de sa troupe, c'étaient les artilleurs, Turcs du Levant, qu'on avait recrutés, un à un, pour leur adresse et leur bravoure. En prévision du siège, Ben-Aïssa les avait exercés à tirer sur tous les points où les assiégeants s'étaient montrés l'année précédente et sur ceux où les batteries pouvaient être construites. Nous ne devions que trop nous apercevoir qu'ils savaient leur métier.

Appuyé sur une défense aussi complète, Ahmed répondit avec insolence aux sommations de Damrémont et lui imposa la glorieuse nécessité de prendre Constantine.

Valée et Rohaut de Fleury, après avoir fait la reconnaissance de la place, décidèrent que l'attaque principale aurait lieu par Coudiat-Aty, mais que sur le plateau de Mansourah on établirait également des batteries destinées à éteindre les feux du front d'attaque et à foudroyer la ville.

Nos soldats arrivèrent aussitôt sur les points indiqués, sans rencontrer de résistance. Trézel s'installa à la Mansourah, qui devint le quartier général, et Rulhières à Coudiat-Aty. Le duc de Nemours fut nommé commandant de siège, et le capitaine de Salles, major de tranchée.

Après ces dispositions préliminaires, les travaux du siège commencèrent. Nous avions trois obstacles à vaincre : en premier lieu, les difficultés du terrain : le génie et l'artillerie y pourvurent avec leur dévouement habituel ; en second lieu, les sorties de la place : mais nos soldats improvisèrent des retranchements en pierre sèche, à l'abri desquels ils pouvaient repousser toute irruption dans leurs lignes ; en troisième lieu, les attaques des Arabes restés en dehors de la ville, et conduits au combat par le bey Ahmed : les troupes de réserve se chargèrent de les contenir.

Dès le 7 octobre, de tous les côtés à la fois, nos hommes étaient au travail. Une pluie continuelle gêna leurs efforts. L'eau, qui tombait par torrents, enlevait les rampes construites pour le transport de l'artillerie. Canons et prolonges s'embourbaient à chaque pas. Il fallut les monter à force de bras sur l'emplacement projeté. Les sacs à terre, imprégnés d'eau, n'étaient plus qu'une masse fangeuse et sans consistance. Condamnés à l'inaction, couverts de boue, transis de froid, les travailleurs sentaient leurs membres s'engourdir et ne trouvaient aucun abri, car les feux étaient éteints et aucune tente n'était dressée. Ils ne pouvaient même pas répondre aux décharges de l'ennemi, qui multipliait les siennes et nous faisait éprouver des pertes cruelles. La tempête, qui avait duré toute la journée du 8, redoubla pendant la nuit suivante et suspendit même le combat.

« On rentrait, » écrivait plus tard le duc d'Orléans, « dans ce temps de désolation et de misères qui, l'année précédente, avait produit tant de malheurs. Chrétiens et musulmans voient dans cette sinistre analogie une mani-

Fig. 51. — Prise des hauteurs de Coudiat-Aty. (Tableau d'Horace Vernet.)

festation de la volonté divine. Les chefs observent le temps avec angoisse et cherchent à lire dans le ciel l'avenir de leur cause ; ils obéissent à ces tendances mystiques qui, au milieu des grandes souffrances, remplacent dans toutes les âmes l'incrédulité engendrée souvent par l'oisiveté et le bien-être. »

Enfin, le 9 au matin, le feu commença. Les batteries de la Mansourah eurent bientôt réduit au silence celles de la kasbah, mais nos bombes et nos fusées n'allumèrent nulle part d'incendie, et il fallut bien se convaincre que les habitants n'étaient pas encore disposés à ouvrir leurs portes. Avec une décision qui l'honore, et afin d'épargner nos munitions, Damrémont fait alors dégarnir les batteries de la Mansourah et ordonne de les porter sur Coudiat-Aty. L'entreprise était difficile, car il fallait, par des pentes impraticables et sous le feu de la place, passer le Rummel et remonter la berge presque à pic de la rivière pour arriver jusqu'à la batterie de brèche.

Nos soldats restèrent douze heures de suite dans l'eau jusqu'à la poitrine pour déblayer les blocs de rocher qui obstruaient le gué, et ce ne fut qu'au matin que nos pièces arrivèrent au delà du torrent. Il fallait encore gravir la pente, et le tir de l'ennemi acquérait avec le jour une précision redoutable. Le danger rendit de la force aux hommes épuisés : ils portèrent eux-mêmes les pièces sur leurs épaules, en affrontant sous cet immense fardeau les feux redoublés de l'ennemi, et réussirent enfin à mettre en sûreté derrière Coudiat-Aty les clefs de Constantine.

Le siège entrait dans une nouvelle phase. Il fallait effectuer ou empêcher l'ouverture de la brèche. Une reconnaissance en plein jour fut opérée par les capitaines Borel et Lebœuf. Ces deux braves officiers, miraculeusement épargnés par les balles arabes, déterminèrent le point d'attaque à 150 mètres environ de la muraille, c'est-à-dire que, pour construire une batterie si rapprochée, il fallait marcher à découvert et sans approches régulières ; mais il était nécessaire de gagner du temps. On ne comptait plus les jours, mais les heures. L'ennemi essaya de reculer le dénouement. Ben-Aïssa ordonna une sortie générale, qui eut lieu dans la nuit du 10 au 11 : les assiégés furent repoussés avec perte.

Les travaux d'installation de la batterie de brèche n'avançaient qu'avec lenteur à cause de la dureté du roc et du manque de sacs de terre. Il avait été défendu de riposter, car on ne voulait tirer qu'à coup sûr. Les Arabes du dehors ne s'expliquaient la cessation du feu que comme un préparatif de départ; aussi croyaient-ils déjà tenir leur proie. Ils galopaient dans les ténèbres autour des avant-postes, et exhalaient leur joie farouche par d'impuissantes injures.

Le 11, à neuf heures du matin, nos batteries rouvrirent le feu. Les obusiers élargissent promptement les embrasures des casemates et démontent les canons ennemis. A midi, la batterie de brèche entre en scène. Les premiers boulets rencontrent un mur de granit, cimenté par les siècles et adossé à des constructions romaines; ils y laissent à peine une empreinte. Or on n'avait que 600 coups à tirer. Il fallait faire brèche, ou périr sans gloire.

Enfin, à trois heures, un obusier, pointé par le général Valée en personne, détermina le premier éboulement. Ce coup adroit fut salué par les cris de l'armée entière. Par un heureux hasard, un faible rayon de soleil perce alors les nuages et vient éclairer la brèche. Nos soldats ne doutent plus du succès, et, pour la première fois, un morne silence règne dans la ville.

Damrémont crut le moment venu pour faire une dernière sommation aux assiégés. Un jeune soldat se dévoua pour la porter. On ne le laissa ressortir que le lendemain 12, avec une réponse outrageante à force de fierté. « Il y a à Constantine, » disait Ben-Aïssa, « beaucoup de munitions de guerre et de bouche. Si les Français en manquent, nous leur en enverrons. Nous ne savons ce que c'est qu'une brèche ni une capitulation ; nous défendrons à outrance notre ville et nos maisons. Vous ne serez maîtres de Constantine qu'après avoir égorgé le dernier de ses défenseurs. » A la lecture de cette lettre, Damrémont s'écria : « Ce sont des gens de cœur ; eh bien, l'affaire n'en sera que plus glorieuse pour nous. » Puis il monte à cheval vers Coudiat-Aty.

Il était environ huit heures du matin. La journée promettait d'être belle ; tout le monde était joyeux. Damrémont se rendit à la seconde batterie de brèche, qu'on avait installée pendant la nuit, mais il s'exposa sur un terrain découvert. Un premier boulet passe au-dessus de sa tête. On l'engage à ne pas dédaigner cet avertissement. « Cela m'est égal, » répond-il avec calme. Au même moment, arrive un nouveau boulet qui tue le général en chef entre les généraux Nemours et Rulhières. En même temps, une balle mortelle frappait au front le général Perregaux.

Instruit du coup fatal qui privait l'armée de son chef, Valée accourt et fait éloigner les spectateurs ; la fatale nouvelle se répand aussitôt et enflamme nos soldats de fureur. L'artillerie venge Damrémont en faisant voler en éclats les pièces qui lui ont donné la mort et en éteignant les feux des remparts. La brèche augmente, le talus se forme, on dispose en arrière des batteries une place d'armes où se masseront les colonnes d'attaque : en un mot, tout se prépare pour l'assaut.

Le général Valée, étant le plus ancien de l'armée, prit le commandement. Il accepta cette lourde responsabilité avec une noble confiance, et les soldats, qui appréciaient sa valeur, attendirent ses ordres définitifs.

La garnison, privée de ses canons, essaya une nouvelle sortie qui fut repoussée. A la vue de la brèche qu'il aperçoit avec sa lorgnette, le cœur manque à Ahmed. Il envoie un parlementaire, et propose de suspendre les hostilités et de reprendre les négociations. Valée, ne voyant dans cette démarche qu'un de ces moyens dilatoires affectionnés par la diplomatie orientale, répondit avec raison qu'il ne traiterait pas avant d'être dans la place, et les opérations continuèrent.

L'assaut fut ordonné pour le vendredi 13. Des esprits timides étaient frappés par cette fâcheuse coïncidence du vendredi et du 13. « Soit ! » répondit avec esprit le général Rohaut de Fleury, « ce sera tant pis pour les Arabes. »

Fig. 52. — Seconde attaque de Constantine. (Tableau de Siméon Fort.)

Le temps pressait, en effet. L'armée, au bout de ses forces, ne pouvait ni prolonger cette lutte acharnée ni songer à une retraite impossible. Depuis six nuits, on ne dormait plus ; les chevaux mouraient de misère ; il n'y avait plus à tirer que 5 coups de canon. En un mot, il fallait réussir, ou perdre, avec le matériel de siège et l'honneur de l'armée et l'empire de l'Afrique.

Valée dicta ses ordres pour l'assaut. Trois colonnes sont formées. Les deux premières, commandées par la Moricière et Combes, attendent le signal dans la place d'armes et le ravin y attenant ; la troisième, commandée par Corbin, sera postée en réserve. Les défenseurs de Constantine, de leur côté, ont pris leurs mesures pour résister. De fortes barricades, qui se flanquent mutuellement, sont crénelées de manière à commander toutes les ruelles étroites qui aboutissent à la brèche. Debout, l'arme au pied, les Arabes attendent l'assaut, qu'ils prévoient sans le craindre. Entassés dans les mosquées, les femmes et les enfants répondent en chœur au chant des muezzins. De part et d'autre, on se prépare à l'action décisive.

Le 13 octobre 1837, à sept heures du matin, le duc de Nemours donna le signal à la première colonne, qui partit au pas de charge, accompagnée par les hurlements des Arabes qui garnissaient la montagne. A travers une grêle de balles, et renversant tous les obstacles, nos braves arrivent au sommet de la brèche, et le capitaine de Gardarens y plante le drapeau tricolore. Alors, de maison en maison, s'engage un combat terrible. Nos hommes se trouvaient dans un chaos sans issue, où les décombres amoncelés par nos boulets formaient comme un terrain défiguré et factice. Après avoir sondé plusieurs couloirs, qui paraissaient des entrées de rues et n'étaient que des impasses, ils finissent par en rencontrer un qui, en s'élargissant, leur promettait un débouché. Ils s'y précipitent, renversant et tuant tous ceux qu'ils rencontrent.

« Tout à coup, » écrit un témoin oculaire, le capitaine de la Tour du Pin, « ils sont étreints et frappés si rudement dans tous leurs sens à la fois, qu'ils n'ont pas conscience de ce qu'ils éprouvent ; la vie, un instant, est comme anéantie en eux. Quand ils ressaisissent quelque connaissance, il leur semble qu'ils enfoncent dans un abîme ; la nuit s'est faite autour d'eux, l'air leur manque, leurs membres ne sont pas libres, et quelque chose d'épais, de solide et de brûlant les enveloppe et les serre. Beaucoup ne sortent de ce premier étourdissement qu'avec des douleurs aiguës ; le feu dévore leurs chairs, le feu attaché à leurs habits les suit et les ronge ; s'ils veulent faire un effort avec leurs mains, ils trouvent leurs mains brûlées ; s'ils cherchent à distinguer où ils sont et qui les environne, ils s'aperçoivent que leurs yeux ne voient plus ou ne voient qu'à travers un nuage. »

Une explosion avait eu lieu : un magasin de poudre venait de sauter, et les cartouchières de nos soldats, prenant feu successivement, étaient devenues comme autant de foyers dont les irradiations brûlantes s'étendaient au loin. Il y eut un moment de confusion. On ne savait plus où était le péril. Les assiégés profitèrent de ce désordre momentané pour revenir en avant : ils déchargèrent leurs armes sur les groupes brûlés ou terrassés par l'explosion, et hachèrent, à coups de yatagan, tout ce qui respirait encore.

Quand le voile de fumée qui dérobait le jour fut en partie dissipé, les débris de la première colonne occupèrent de nouveau les postes qu'il était important de défendre, mais ils avaient perdu leur chef. La Moricière avait été atteint et défiguré par l'explosion ; on craignit même un instant qu'il ne perdît la vue. Le duc de Nemours jugea le moment opportun pour lancer la seconde colonne, commandée par le colonel Combes ; mais il ne l'engagea que compagnie par compagnie, mesure très sage qui évitait l'encombrement et diminuait le nombre des morts et des blessés. Combes reçut une blessure mortelle. Il eut néanmoins la force de s'assurer du succès et vint en rendre compte au duc de Nemours, en ajoutant avec un calme stoïque : « Heureux ceux qui ne sont pas blessés mortellement ! Ils jouiront du triomphe. » Alors seulement on s'aperçut qu'une balle lui avait traversé la poitrine ; le surlendemain, il était mort.

La Moricière et Combes blessés ; Vieux, Serrigny, Hackett et Sausay, les quatre commandants de la première colonne, tués à l'assaut; Potier, le Blanc et Guignard, trois des commandants de la seconde colonne, également tués : les soldats, privés de leurs chefs, montraient quelque hésitation. Le colonel Corbin arriva à temps avec la troisième colonne pour relever leur courage et diriger leurs efforts. Il les répandit à droite et à gauche, en ordonnant à chaque détachement un mouvement concentrique vers le corps de la place. Dès ce moment, la défense devint timide et incertaine.

Cinq rues principales traversaient alors Constantine : elles étaient à peu près parallèles au cours du Rummel. Les autres voies de communication, pour la plupart perpendiculaires aux cinq principales, étaient en pente rapide et se perdaient en un réseau inextricable de ruelles. La guerre de maisons et de rues est dans le génie de notre race. Livrés à eux-mêmes, nos soldats assiègent une à une les maisons, sautent par les toits dans celles qu'ils n'ont pu prendre par la porte, et, bientôt maîtres des cinq grandes rues, réduisent successivement les quartiers qui les séparent. Le dernier effort considérable se fit contre la caserne des janissaires, grand bâtiment crénelé à trois étages, qui fut défendu avec acharnement.

Il était nécessaire de relier ces diverses opérations, qui manquaient d'unité. Le général Rulhières fut envoyé avec une quatrième colonne pour combler les vides, et surtout pousser l'attaque de gauche, de façon à tourner la défense de la ville en la prenant à revers. Ce mouvement réussit, mais il jeta la consternation dans la population, qui se croyait déjà prisonnière et condamnée à subir les horreurs du pillage et du sac. Les plus résolus des défenseurs de la place, ne comptant pas sur une générosité dont ils eussent été incapables, essayèrent de descendre par des cordes du haut des escarpements verticaux qui dominent les abîmes du Rummel. Les derniers venus poussent les premiers, les cordes se rompent, une sorte d'horrible cascade humaine se forme, et plus de 200 cadavres s'aplatissent sur le roc, laissant des lambeaux de chair et des membres épars à toutes les anfractuosités.

Fig. 53. — Le colonel Combes.

Ben-Aïssa, ainsi que son fils, qui avait reçu quatre blessures à la brèche, réussirent pourtant à s'échapper, suivis par les débris des canonniers et de la milice.

Il était neuf heures du matin. La résistance était brisée.

Rulhières venait d'entrer dans la kasbah, où il avait arboré le drapeau tricolore. Nos soldats couronnaient tous les édifices, et annonçaient leur triomphe par des cris répétés de *Vive la France!* Ce triomphe nous coûtait cher : 23 officiers avaient payé de leur vie, 57 arrosé de leur sang cette revanche nationale ; 400 soldats étaient tués et près de 1,000 blessés.

Les habitants de Constantine, redoutant la vengeance de nos troupes, se rendirent à discrétion. C'était l'unique moyen de se recommander à la clémence du vainqueur.

Nos soldats renoncèrent tout de suite au pillage ; à la voix de leurs officiers, ils ne songèrent plus aux brillantes séductions du luxe oriental. On les vit s'arrêter, tendre la main aux vaincus, adopter les enfants qu'ils venaient de rendre orphelins. Ils furent bientôt récompensés de cette sage modération. A peine le général Valée eut-il promis aux principaux habitants, qui étaient venus l'implorer, qu'il respecterait leurs biens et leur religion, que l'un d'entre eux prit la parole et annonça que le marché de Constantine serait tout aussi bien approvisionné qu'au temps d'Ahmed et que l'ordre serait bientôt rétabli.

En effet, le soir même de l'assaut, la prière publique recommençait dans les mosquées. Des chefs indigènes étaient habilement choisis pour substituer un pouvoir régulier au gouvernement déchu. Ces sages mesures désarmèrent la population et empêchèrent toute révolte. Les fuyards revinrent en grand nombre, d'abord inquiets et timides, mais ils ne tardèrent pas à s'enhardir. Aussi, quand le général Valée eut fait enlever et brûler les cadavres, rebâtir les maisons écornées, et réparer la brèche pour assurer la ville contre un retour offensif, désormais peu probable, Constantine reprit son aspect accoutumé. Les transactions se rétablirent, et même on vit nos soldats, depuis longtemps privés des douceurs de la civilisation, acheter avec ardeur les produits variés de l'industrie orientale.

Fig. 54. — Galerie du palais à Constantine.

Les nombreuses femmes d'Ahmed, abandonnées dans le harem, semblaient une proie offerte au vainqueur : tel est l'usage en Orient. Ces malheureuses, bien qu'elles éprouvassent pour leur seigneur et maître une sympathie très modérée, avaient entendu faire de tels récits de la cruauté française, qu'elles se croyaient réservées aux plus abominables tortures. On les rassura, et même on leur promit la liberté. Deux de nos compatriotes, qui visitèrent le harem quelques jours après l'assaut, en ont laissé une description peu enthousiaste. D'après le colonel Carette et le docteur Baudens, les appartements intérieurs étaient meublés très simplement ; mais comme on y avait entassé 385 femmes de tous les âges et de toutes les couleurs, cette bigarrure ne présentait rien de bien attrayant. A l'exception d'une de ces femmes, Aïcha, qui rendit de grands services au corps expéditionnaire, et finit par épouser un Français, aucune figure riante, ni même gracieuse, n'apparaissait dans cette agglomération féminine. Quelques-unes, entre autres les négresses, étaient même vraiment laides.

Comme plusieurs des chambres du palais étaient remplies de cotonnades et d'étoffes de laine, Valée résolut d'utiliser ces étoffes en faisant confectionner des chemises ou des couvertures pour les malades par les femmes du harem. Ces ouvrières improvisées se prêtèrent d'abord de bonne grâce au travail qu'on leur demandait, mais la couture les ennuya bientôt. Habituées à une vie de paresse, elles se prétendirent malades. Il fallut en passer par leurs fantaisies. Beaucoup d'entre elles jugèrent à propos de s'échapper, et les autres commençaient à devenir embarrassantes. Le général décida qu'on rendrait la liberté à toutes celles que réclameraient leurs parents, et que les autres seraient confiées au grand prêtre. Ces dernières n'eurent pas à se féliciter de cette décision, car le mufti les dépouilla de leurs bijoux, et les vendit, les unes après les autres, aux chefs des tribus voisines.

Pendant ce temps, que devenait le maître de ces esclaves capricieuses, le farouche Ahmed ?

A la vue du drapeau français flottant sur son palais, le bey versa de grosses larmes et s'enfuit en proférant des imprécations. Il ne devait plus trouver ni amis ni partisans dans cette population qui lui avait obéi plutôt par fanatisme que par sympathie. La prise de Constantine ruinait à tout jamais son influence. Ses anciens sujets, habitués à reconnaître le droit du plus fort, tournèrent vers nous leurs vœux et leurs espérances. Il fut réduit à parcourir en fugitif les solitudes de l'Aurès. Plus tard, il essaya de fonder à Biskra un nouveau centre de résistance, mais il fut chassé de cette ville. De 1842 à 1848, il erra de côté et d'autre, cherchant à soulever les populations contre la France. Il fit enfin sa soumission en juin 1848, et on l'interna à Alger. Il y vécut dans la retraite et y mourut paisiblement le 30 août 1850, à l'âge de soixante-trois ans.

L'armée victorieuse ne put malheureusement pas prolonger son séjour à Constantine : le choléra s'était déclaré. La mortalité devint très grande dans les hôpitaux. Valée résolut d'évacuer la ville, en y laissant une forte garnison. Le retour fut lugubre. Des lions et des milliers de vautours suivirent cette armée sur laquelle le choléra levait journellement sa dîme. Partout, sur notre passage, Arabes et Kabyles se retiraient. Ils n'essayèrent pas un instant de nous barrer le passage, mais il était évident qu'ils ne s'inclinaient que devant le fait accompli. Enfin, le 6 novembre, trente-six jours après les avoir quittés, nos soldats rentrèrent dans leurs quartiers de Bône.

La nouvelle de la prise de Constantine fut accueillie en France avec émotion et plaisir ; l'opinion publique commençait à se préoccuper du sort de l'expédition. D'ailleurs, l'honneur du drapeau était engagé. Aussi, depuis les victoires de l'empire, aucun événement militaire ne remua aussi profondément la fibre nationale. Ce succès ne prouvait-il pas à l'Europe que notre race n'avait point dégénéré et que les occasions seules avaient manqué? Le roi récompensa Valée en le nommant d'abord maréchal de France (11 novembre), puis gouverneur général de l'Algérie (1er décembre 1837).

Il se trouva, néanmoins, des esprits chagrins qui ne voulurent pas s'associer à ce succès de nos armes. A la chambre des pairs, M. de Gasparin proposa d'abandonner Constantine après l'avoir démantelée, sous prétexte que nous ne savons pas coloniser. A la chambre des députés, M. Duvergier de Hauranne qualifia de funeste et d'impolitique l'expédition de Constantine. MM. Jobert et Desjobert firent ensuite entendre leurs plaintes systématiques sur tout ce qui se passait en Afrique, et demandèrent encore qu'on renonçât à l'Algérie. Le gouvernement eut le bon sens de refuser. Sans doute des fautes avaient été commises, et nous devions en commettre encore, mais la civilisation a toujours imposé aux grandes nations des devoirs impérieux, stériles dans leurs résultats immédiats et féconds dans leurs conséquences éloignées. Comme l'écrivait le duc d'Orléans au roi Louis-Philippe, « la conversion de la Barbarie en province européenne marquera votre règne d'un des grands événements du siècle ». Rien de plus vrai. L'avenir donna raison aux prévisions de l'héritier présomptif de la couronne.

La conséquence immédiate de notre victoire fut de nous mettre en possession de la vaste province de Constantine et de ruiner la domination turque dans l'ancienne régence. La conséquence prochaine fut de nous affermir dans la province d'Alger et de préparer notre domination dans celle d'Oran.

FIN.

www.ingramcontent.com/pod-product-compliance
Ingram Content Group UK Ltd.
Pitfield, Milton Keynes, MK11 3LW, UK
UKHW031845260826
14628UKWH00002B/596

9 782019 149079